한일협정 50년사의 재조명 I

– 한일협정의 국제법적 문제점에 대한 재조명 –

한일협정 50년사의 재조명 I

– 한일협정의 국제법적 문제점에 대한 재조명 –

도시환 외 지음

동북아역사재단
NORTHEAST ASIAN HISTORY FOUNDATION

2010년은 일본이 한국을 강제로 병합한 지 100년이 되던 해였습니다. 우리 재단은 동북아 역사 전문연구기관으로 한일 간 역사갈등의 원점이자 출발로서 '1910년 한국강제병합'에 대한 진실 규명과 그에 따른 갈등의 극복방안을 모색하기 위해, 지난 몇 년 동안 국제 공동연구와 학술회의를 통해 국내외에서 공감대를 형성하고 확산해 왔습니다.

아울러 우리 재단은 '1965년 한일협정'이 체결된 지 50년을 앞둔 시점에서, 중장기 연구과제의 일환으로 '한일협정 50년사의 재조명'이라는 대주제 아래 한일협정과 관련된 국제 공동연구와 학술회의를 개최했습니다. 이 책은 그 결과를 정리한 첫 번째 도서입니다.

'1965년 한일협정'과 관련된 이번 기획연구를 통해 한일 간 역사갈등의 본질을 규명하고 그에 대한 극복방안과 미래지향적인 전망이 체계적이고 종합적으로 모색되기를 기대해 마지않습니다.

21세기의 한국과 일본은 상호 이해와 교류 · 협력을 통해 평화와 번영의 동아시아를 함께 만들어가야 합니다. 그런데도 1910년 일본의 한국강제병합으로 야기되고, 1965년 한일협정에서 극복되지 못한 한일 양국의 역사갈등은 새로운 한일관계의 설정에 적지 않은 장애물로 작용하는 것이 엄연한 현실입니다.

따라서 일본의 한국강제병합 100년과 한일협정 체결 50년을 역사학 · 국제법 · 국제정치 등 여러 각도에서 넓고 깊게 재조명한 우리 재단의 연구성과를 통해 한일 간의 올바른 역사인식 공유를 위한 토대가 구축되기를 바랍니다. 우리 재단의 활동이 한일 간의 역사갈등을 극복하고 역사화해를 이룩하는 데 좋은 길잡이가 될 것을 기대합니다.

끝으로 『한일협정 50년사의 재조명 I』이 나오기까지 어려운 주제에 대해 옥고를 집필해주신 전문가 여러분의 노고에 깊이 감사드립니다. 그리고 이 책의 기획에서 출간까지 애쓰신 도시환 연구위원과 출판 관계자의 노고를 치하합니다.

2012년 10월 24일

동북아역사재단 이사장 김학준

| 차례 |

• 서문: '한일병합' 100년과 한일협정 반세기*

지난 2011년 8월에는 2010년 '한일강제병합' 100년을 보내고 새로운 1년을 맞았다. 또 금년 6월 22일은 한일국교정상화를 이룬 1965년 한일협정 체결 46주년이다.

이제 강제병합조약 100년과 한일협정 46주년 이후의 한일관계는 어떻게 설정하고 발전시켜야 될 것인가? 분명한 것은 향후 100년은 지난 세기 일본이 한국을 식민지화하여 끼친 고통을 법적으로나 실질적으로 말끔하게 청산하고, 대신에 각자가 자신의 역사적 · 문화적 정체성을 복원하는 가운데 동아시아의 평화에 모두 함께 협력하는 틀을 만들어 나가는 일이다. 다시 말해 '한일병합' 100년과 한일협정 반세기의 향후 과제는 '식민지주의 완전 종식을 통한 동아시아 평화실현'이다.

그래서 피해국인 한국의 입장에서 그 출발은 식민지주의 완전 청산과 굴절된 민족역사의 복원이다. 지난 식민지 기간 중 일제는 한민족에게 물질적으로 고통을 주었을 뿐만 아니라, 정신적으로도 민족의 혼과 정체성을 말살하고 왜곡하였다. 이러한 물질적 · 정신적 일제 잔재는 광복 이후에도 한국 사회 내부와 남북 간에 심각한 역사갈등과 민족 내부 분열을 조성하여 지금도 민족의

* 이 글은 2011년 8월 12일 '2015년 한일협정 체결 50년 대비: 한일협정의 국제법적 문제점에 대한 재조명'을 주제로 동북아역사재단이 주최한 '한일강제병합 100년 역사와 과제 재조명 국제학술회의'에서 기조강연한 원고의 수정본임.

삶을 매우 힘들게 만들고 있다. 그리고 가해자인 일본의 한국 병합은 대한제국의 황제에서 민중에 이르기까지 모든 사람의 격렬한 항의를 군대의 힘으로 짓누르고 실현시킨, 문자 그대로 제국주의 행위이며, 불법적인 행위라는 사실을 인정해야 한다.

다시 말해 한일관계에는 발전된 미래로 나아가기 위해 큰 걸림돌로서 식민지주의와 역사왜곡 문제가 버티고 있다. 따라서 한일 양국 정부는 좀 더 능동적으로 큰 정치적 결단을 내려야만 했다.

그래서 한일 양국 정부의 적극적 행동을 압박하기 위해서 양국의 지식인, 시민단체 그리고 국회의 노력이 있었다. 2010년 5월 한일 양국 지식인 200명은 1910년 한일 강제병합조약은 원천무효라고 선언하고 미래지향적인 한일관계 구축을 위해 식민지배를 반성하는 새로운 담화 발표를 일본 정부에 강하게 요구했다. 또 한일과거사 청산 과제를 근본적으로 해결하기 위하여 약 116개 한일시민단체가 2010년 1월과 3월 '강제병합 100년 공동행동 일본실행위원회와 한국실행위원회'를 결성, 양 실행위원회는 '식민주의 종식을 통한 동아시아 평화실현'이라는 대원칙 하에 과거사 청산의 의의와 해결 과제를 설정하고, 이를 근본적으로 해결하기 위한 실천프로그램(Action Plan)을 만들어 8월 22~29일까지를 '강제병합 100년 한일시민대회' 기간으로 설정하고 도쿄와 서울에서 한일공동선언문을 발표하였다. 이어 국회 차원에서도 한일병합조약 원천무효 공동선언을 시도하였으나, 일본 국회의 비협조로 양국 국회의 공동선언문은 채택하지 못하고, 일본 총리에 대한 건의문으로 종결되었다.

그런데 지난 2010년 국치 100년을 맞이하여 일본 간 나오토 총리의 8월 10일 담화에서 일본 정부는 1910년 한일병합조약 자체의 불법성을 전혀 인정하지 않았다. 이는 제2차 종전 50주년인 1995년 8월 15일 무라야마 수상의 유효부당론 수준을 넘지 못했다. 즉, 무라야마 수상은 식민지배로 고통을 주었지만, 식민지 병합과정의 강제성과 불법성을 인정하지 않았다. 이 담화는 역대 정권 가운데 식민지 지배와 관련된 가장 진일보한 내용으로 그 이후 일본의 공식입장으로 자리 잡았다. 그리고 2010년 한국 정부의 8·15 성명서에도 일본 정부에 대한 식민지주의 청산요구 메시지가 미흡하였다.

그래서 우리 정부와 국민들은 일본 정부의 진정성을 신뢰할 수가 없다. 더구나 2011년 3월 30일 일본 문부성은 특히 '독도는 1952년 이후 한국이 불법점거하고 있다'는 요지의 독도 관련 역사왜곡을 기술한 중고교 교과서를 검인정하였다. 독도 문제는 우리 민족에게는 단순한 영유권 문제일 뿐만 아니라 식민지 침탈과정의 첫 희생물로서 역사왜곡에서 빚어진 문제이기도 하다.

그리고 2011년 8월 현시점, 한일강제병합 101년, 그리고 한일협정 체결 46년을 맞이하여 식민주의 잔재의 완전 청산은 어떻게 진척되고 있는 것인가?

우여곡절을 거쳐 성사시킨 한일관계를 정상화시킨 식민주의 완전 청산을 위한 한일 양국의 공식적 첫 시도인 1965년 한일협정은 제대로 시행되고 있는가?

유감스럽게도 첫째, 일본은 한일기본관계 설정에서조차도 한일기본조약 제2조 제1항 "1910년 8월 22일 및 그 이전에 체결된 모든 조약 및 협정이 이미 무효임을 확인한다"는 조항을 아전인수격으로 해석하였다. 일본은 1910년 및 이전 조약의 무효 시점을 1948년 8월 15일 대한민국정부 수립 이후라고 한다. 이러한 해석의 근거는 '정당한 절차를 거쳤다는 점과 대등한 입장에서 자유의사에 따라 체결되었다'는 입장이다. 둘째, 청구권 협정 제1조 제1항 "…… 완전히 그리고 최종적으로 해결되었다"는 조항도 매우 확대 해석하였다. 1965년 청구권 협정 당시 유·무상 5억 달러 지불로 일제 식민지 기간 중 모든 일제 피해보상이 완전히 최종적으로 해결되었다는 입장이다. 일본 정부는 협정체결 후 추가적으로 발견된 개인적 피해를 배상하라는 국제법과 국제

사회의 요구를 외면하고, 이에 상응한 피해자 특별법을 아직도 제정하지 않고 있다. 셋째, 재일교포 법적지위 문제는 1965년 협정체결 전보다 오히려 차별이 심해졌다는 점이다. 넷째, 문화재 반환은 아직도 제대로 반환하지 않고 있다. 그래서 우리는 일본 정부에게 강제징용자, 원폭피해자, 정신대피해자를 비롯한 식민지 고통에 대해서는 국제법 원칙에 따라 조속히 특별법을 제정하여 치유하도록 수차례 요구하고 있다. 또 우리는 일본정부에게 민족역사의 왜곡과 그 정상회복을 위해 정직하게 자료공개에 협조하도록 요구하고 있는 것이다.

1965년 한일조약에서 합의된 한일기본관계, 청구권, 재일교포의 법적 지위, 어업협정, 문화재 문제에 대한 올바른 해석은 일본의 식민주의 완전 청산의 바로미터다. 일본이 1965년 한일협정의 기본정신을 왜곡 해석하여 과거 식민주의와 제국주의 기득권에 발목이 잡혀 미래 지향적인 역사를 보지 못한다면 동아시아 평화는 요원할 것이다.

우리는 일본 정부가 일제 식민주의 불법성을 인정하지 않고, 1965년 한일협정을 정직하게 해석하지 않는 배경에는 과거 식민주의와 제국주의에 대한 과대망상증을 아직도 버리지 못하는 시대착오적인 음모가 숨어 있다고 본다. 바로 이러한 일본 정부의 잘못된 역사인식 때문에 한일 간의 미청산과제(일본군 위안부, BC급 전범, 피폭자, 사할린 잔류자, 시베리아 억류자, 야스쿠니신사 무단합사, 유골 조사 반환, 민족차별 철폐, 독도 문제 등)들이 아직 해결되지 않고 있다. 이러한 일본 정부의 역사 왜곡과 식민주의 집착은 미래에 평화스러운 동아시아 평화공동체를 건설하는 데 큰 걸림돌이 될 것이다. 한국의 지식인과 시민단체는 다시 한 번 일본 정부에게 일제 식민지배와 침략전쟁의 불법성을 공식으로 인정하는 큰 정치적 결단을 요구한다. 아울러 우리는 식민주의 청산과 동아시아 평화공동체 건설은 국가적 이기주의에만 맡겨둘 수가 없다. 또 이러한 식민지 청산에는 우리 내부에도 책임이 있음을 냉정하게 자성해야 한다. 우리 스스로 우리 역사를 제대로 재정립하기보다 식민사관에 근거한 기득권에 연연하는 일부 지식인과 이를 동조하는 세력도 문제다.

우리의 일본 정부에 대한 위의 요구는 국제법상 타당하고, 국제적 대추세에 부합하며, 또 최근 독일－프랑스(1981. 3)와 리비아－이탈리아(2008. 8)의 선례처럼 그 객관적 근거를 다음과 같이 갖고 있다.

첫째, 국제법상 1910년 8월 22일 강제병합조약은 내용적 측면에서도 조약체결 대표에 대한 강박에 따라 체결되었기에 무효다. 그리고 조약체결 절차면에서도 하자가 있기에 무효다. 즉, 전권위임도 없는 사람이 체결하였고, 또 추후 황제의 비준도 없이 체결된 것으로 원천적으로 무효라는 것이다.

둘째, UN이 주최한 인종차별금지 회의에서 채택된 2001년 남아프리카 더반선언(Durban Declaration)은 식민지배를 청산하는 것은 역사적 과제라고 명백히 하였다. 2001년 8~9월, 남아프리카 더반에서 '인종주의, 인종차별, 외국인 배척 및 관련한 불관용에 반대하는 세계회의'가 유엔 주최로 개최되었다. 이 회의에서 채택된 '더반선언'은 처음으로 '노예제와 노예 거래'를 '인도에 반한 죄(Crime against Humanity)'로 규정했다. 식민주의에 대해서도 "비난받고, 그 재발을 막지 않으면 안 된다"는 것을 확인했다. 나아가 과거 수백 년에 걸쳐 아프리카 · 아시아 등지에서 많은 민족 · 민중을 괴롭힌 노예제와 식민지 지배를 청산하는 일은 역사적 과제라고 선언하고, 그 실현을 위한 행동계획을 밝혔다. 획기적인 의의를 가진 이 선언은 구미국가들뿐만 아니라 일본을 포함한 모든 구식민지 국가에 적용되고 있다.

셋째, 1960년 독불 간 포괄협상 과정에서 모든 청구권에 대한 완전 타결 규정을 두었으나, 이후 프랑스가 강제 징집자 등에 대한 추가보상을 요구한 바 있다. 이에 독일은 1981년 3월 '독불이해증진재단에 대한 출연조약'을 만들어 2억 5천만 마르크(DM)를 출연하였다. 협정을 부분 개정한 것은 아니지만 그에 준하는 정치적 타결을 이룬 것이다.

넷째, 2008년 8월 30일 리비아－이탈리아 '우호협력조약'을 체결하여 이탈리아의 식민지배로 고통을 당한 리비아(1911~1943)도 이탈리아로부터 식민지배에 대한 공식 사과와 함께 50억 달러 투자형식의 배상금 지불과 약탈문화재를 반환받음으로써 고통스러운 식민지 과거를 마감하는 '우호조약'에 합의하였다.

동아시아는 지금 주요한 전환점에 서 있다. 동아시아가 지향하는 가장 큰 가치는 식민지주의 완전 청산과 동아시아 평화공동체 건설이다. 이제 동아시아 국가들도 아시아판 더반선언을 만들어 행동에 옮길 때다.

우리가 학술연구의 주제를 '한일협정의 국제법적 문제점에 대한 재조명'으로 택한 이유도 한일 간의 올바른 역사 청산 없이는 진정한 동아시아의 평화와 번영도 불가능하다는 문제의식에서 출발한 것이다. 현금의 일본군 위안부 문제, 일본의 역사교과서 왜곡문제, 독도영유권 문제 등 한일 간의 현안 갈등 문제는 지난 식민지 시대 그리고 제국주의 시대에 발생한 문제의 미청산에서 연유한다. 이런 맥락에서 한국을 식민지화한 1910년 '한일병합조약'의 역사적 진실 규명과 올바른 국제법적 평가는 지난 세기 식민지 역사청산을 바르게 하기 위한 대단히 주요한 출발이라고 생각한다.

우리는 일본 정부가 '식민지주의 완전종식과 동아시아 평화공동체 건설'이라는 목표를 위해서 식민지주의 청산을 역사적 과제로 선언한 2001년 더반선언과 식민지 청산을 실제로 실천한 2008년 리비아－이탈리아 실천사례에 따라 1910년 '강제병합조약'의 원천무효를 인정하고, 이에 상응한 1965년 한일협정의 올바른 해석을 하는 큰 정치적 결단을 하기 바란다.

한국외국어대학교 법학전문대학원 교수 이 장 희

한일기본관계조약의 국제법적 문제점에 관한 재검토

부산대학교 법학전문대학원 교수 **박배근**

한일기본관계조약의 국제법적 문제점에 관한 재검토*

부산대학교 법학전문대학원 교수 **박배근**

I. 머리말

1965년에 체결된 '대한민국과 일본국 간의 기본관계에 관한 조약'[1](이하 '기본관계조약'이라 함)은 전문(前文)과 7개 조문으로 된 간단한 조약이다. 그러나 그 명칭에서도 알 수 있는 바와 같이 한일관계의 '기본'에 관한 규정을 담고 있다는 점에서 매우 중요한 조약이다. 불행한 것은 이러한 중요한 조약이 그 속에서 처리되어야 할 한일 양국의 가장 중요한 기본적 문제를 깨끗하게 처리하지 못하였다는 점이다. 이 때문에 이 조약은 계속된 논란의 소재가 되어 왔다.

이 글은 체결된 지 반세기가 지나가지만 아직도 한일 양국에서 논란의 대

* 이 글은 2011년 8월 12일 동북아역사재단이 주최한 '한일강제병합 100년 역사와 과제 재조명 국제학술회의'에서 발표한 원고를 수정 · 보완한 것임. 이 글은 『국제법평론』 제2011－Ⅱ호(2011. 10), 1~24쪽에 발표된 것이다.

1) 1965년 6월 22일 동경에서 체결, 1965년 12월 18일 조약 163호로서 대한민국에 대하여 발효.

상이 되고 양국 간 갈등의 원인이 되고 있는 한일 간 기본관계조약의 문제점에 관한 논의를 정리하고, 새로운 시각에서 이들 문제점을 조명하고자 하는 것이다. 나아가 이 조약이 안고 있는 문제점의 해결 가능성을 모색하고, 양국 관계의 지향점을 생각해 보고자 한다.

II. 해석상의 대립

기본관계조약은 체결 과정에서부터 이미 특정 조항의 내용을 둘러싸고 한일 양국 사이에서 첨예한 주장의 대립을 드러내었으며, 이러한 대립이 명확하게 해소되지 못한 채 조약이 체결되었다. 이후 이들 조항은 기본관계조약의 문제점으로 거듭 논란의 대상이 되었다. 주지하는 바와 같이 1910년 8월 22일과 그 이전에 한일 양국이 체결한 '조약'(이하, '한일 간 구조약'이라 함)의 효력에 관한 제2조와, 대한민국 정부의 한반도에서의 유일합법성에 관한 제3조가 그러한 문제 조항이다. 이 두 조항의 문제점에 관해서는 이미 많은 검토와 고찰이 이루어졌으므로, 새삼 그 국제법적 문제점을 검토하는 것은 별 의미가 없다. 여기서는 그러한 문제점의 함의와 해결 가능성에 대한 논의의 출발점으로서, 이 두 조항의 해석을 둘러싼 문제를 간단히 정리하고자 한다.

1. 한일 간 구조약의 효력

기본관계조약이 외교관계와 영사관계의 수립(제1조), 통상조약 체결을 위한 교섭(제6조)과 항공운수협정 체결을 위한 교섭(제7조)을 주요 내용으로 하는 조약임에도 불구하고 '기본관계'에 관한 조약이라고 하는 "국제관례상 보기 드문 명칭"[2]을 가지게 된 것은 말할 것도 없이 "양국 간의 특수한 과거관계" 때문이다.[3] 기본관계 문제 중의 하나가 일본이 한국을 강제적으로 병합하여 지배하였다는 과거관계에 관한 "정신적 내지 원칙적" 부분을 의미하는 것으로 이해되었기 때문이다.[4] 이러한 이유 때문에 기본관계조약은 일본의 한국 강제병합과 통치의 법적 성격에 관한 조항을 포함하지 않을 수 없었으며, 그것이 바로 제2조다. 제2조의 내용은 다음과 같다.

> 1910년 8월 22일 및 그 이전에 대한제국과 대 일본제국 간에 체결된 모든 조약 및 협정이 이미 무효임을 확인한다.

한국어 정본의 "이미 무효", 일본어 정본의 "もはや無效", 그리고 "해석에 상위가 있을 경우"에 따르도록 되어 있는 영어 정본의 "already null and void"를 한국 정부와 일본 정부는 각각 다르게 해석한다. 한국과 일본 간 구조약의 무효 시점에 관한 주장의 대립으로서, 한국 정부는 이 표현이 "처음부터(ab initio) 무효"를 의미한다고 해석하는 반면, 일본 정부는 이 표현을 유효하게 체결되었던 조약이 "이제는 무효"가 되었다는 의미로 해석한다. 이들 두 상이한 해석이 구체적으로 의미하는 바는 말할 것도 없이 1910~1945년까지 일본이 한국을 통치한 역사적 사실의 국제법적인 합법성/위법성에 대한 입장의 차이다. 한일 간 구조약이 처음부터 무효였다면, 일본의 한국 강점과 통치는 법적 근거가 없는 국제법상의 위법행위다. 반대로 이들 조약이 유효하게 체결되었다면 일본은 적법하게 한국을 지배 통치한 것이 된다. 이런 이유 때문에,

2) 대한민국정부(1965), 『한일회담백서』, 10쪽.
3) 대한민국정부(1965), 위의 책, 10쪽.
4) 대한민국정부(1965), 위의 책, 11쪽.

제2조를 어떻게 해석하여야 하는 문제는 항상 이른바 "한국병합 관련조약"[5]의 효력 문제로 환원되어 논의되고 있다.[6]

한국병합 관련조약의 효력에 관한 한일 양국 정부의 주장은 한일회담과정에서 표명된 것으로부터 변화된 바가 없다.[7] 한국 정부는 『한일회담백서』에서 이 조항의 해석에 관하여 다음과 같이 설명하고 있다.

> 우선 해당되는 조약 및 협정에 관하여는 1910년 8월 29일의 이른바 한일합병조약과 그 이전에 대한제국과 일본제국 간에 체결된 모든 조약, 협정, 의정서 등 명칭 여하를 불문하고 국가 간 합의문서는 모두 무효이며 또한 정부 간 체결된 것이건 황제 간 체결된 것이건 무효다.

5) 1904년 2월 23일의 한일의정서, 동 8월 22일의 협정서, 1905년 11월 17일의 을사'조약', 1907년 7월 24일의 한일신협약, 1910년 8월 22일의 병합'조약' 등을 의미하는 것으로 사용한다. 무효를 주장하는 입장에서는 이들 합의를 '조약'으로 부를 수 없으므로 강제된 약속이라는 의미의 '勒約'이라는 명칭을 사용한다. 이 중에서도 그 효력이 특히 문제가 되는 것은 1905년 '조약'과 1910년 '조약'임은 말할 것도 없다. 이들 '조약'의 명칭과 각각에 대한 무효론의 논거에 관해서는 박배근(2003), 「한국병합관련'조약' 유무효론의 의의와 한계」, 『법학연구』(부산대학교 법학연구소), 제44권 제1호, 374~375쪽 참조.

6) 대표적인 예로, 배재식(1970), 「한일기본조약연구 – 제2, 3조의 규정내용을 중심으로」, 『국제법학회논총』, 제15권 제1호, 246쪽 이하; 김창록(2005), 「한일기본조약 및 청구권협정의 내용과 성격 – 법적 관점에서의 접근」, 한일관계사연구논집 편찬위원회 편, 『해방 후 한일관계의 쟁점과 전망』(한일관계사연구논집 10), 경인문화사, 98쪽 이하.

7) 기본관계조약 제2조의 체결과정에 관한 분석으로는 장박진(2007), 『한일회담에서의 식민지관계 청산연구』(박사학위논문, 한국외국어대학교 국제지역대학원 국제관계학과)가 가장 자세하다. 이 논문이 수정, 가필 및 재구성되어 장박진(2009), 『식민지 관계 청산은 왜 이루어질 수 없었는가』(논형)로 출판되었다. 그 밖에, 장박진(2008), 「한일회담에서의 기본관계조약 형성과정의 분석–제2조 '구조약 무효조항' 및 제3조 '유일합성법 조항'을 중심으로」, 『국제지역연구』 제17권 제2호, 1~39쪽; 이원덕(2005), 「한일협정 이후 한일과거사 문제의 개선방향 – 조약개정 가능성의 검토」, 한일관계사연구논집 편찬위원회 편, 위의 주, 153~161쪽 참조.

> 무효의 시기에 관하여는 「무효」라는 용어 자체가 별단의 표현이 부대되지 않는 한 원칙적으로 「당초부터」 효력이 발생되지 않는 것이며 「이미」라고 강조되어 있는 이상 소급해서 무효(Null and Void)다.[8)]

한일 간 구조약의 효력에 관한 이상과 같은 한국 정부의 입장이 변화된 것으로 볼 수 있는 사실은 없다.

이 문제에 관하여, 기본관계조약 체결 직후에 발간된 것으로서 일본 정부의 공식적인 입장을 담고 있는 것으로 생각할 수 있는 책자는 다음과 같이 밀하고 있다.

> 「이제는 무효다」라는 것은, 현재의 시점에서는 이제는 무효가 되어 있다고 하는 객관적 사실을 진술한 것에 지나지 않는다는 것은 말할 것도 없고, 이에 의하여 일한 양국 간의 법률관계의 변동 혹은 설정을 의도한 것은 아니라는 것은 명백하다.
> 또, 무효가 된 시기에 관해서는, 병합조약 이전의 여러 조약은 각각의 조약이 규정하는 조건의 성취 또는 병합조약의 발효와 더불어 실효하고, 또 병합조약에 관해서는 한국의 독립이 이루어진 시기, 즉 1948년 8월 15일에 실효하였다고 해석하는 것이 옳다.[9)]

일본 정부의 이러한 기본 입장 역시 변하지 않고 있으며, 일본 국회에서의 대정부 질문 등을 통하여 거듭 확인되고 있다.[10)]

---

8) 대한민국정부(1965), 앞의 주 2), 19쪽.

9) 谷田正躬 · 辰巳信夫 · 武智敏夫 편(1966), 『時の法令別册 日韓條約と國內法の解說』, 東京: 大藏省印刷局, 14쪽.

10) 예컨대, 역대 일본 총리 중에서 호소카와 모리히로[細川護熙] 총리와 더불어 가장 진전된 역사인식을 보여 준 것으로 평가되는 무라야마 도미이치[村山富市] 총리도 1995년 전후 50주년을 기념한 담화 발표 이후 일본 參議院 본회의에서의 답변을 통하여 "한

2. 대한민국 정부의 유일합법성

기본관계조약 제3조는 이른바 한국 정부의 유일합법성에 관한 조항으로서[11) 그 내용은 다음과 같다.

> 대한민국 정부가 국제연합총회의 결의 제195(Ⅲ)호에 명시된 바와 같이, 한반도에 있어서의 유일한 합법정부임을 확인한다.

이 조항에 관해서도 한일 양국 정부는 상반되는 해석을 하고 있다. 한국 정부는 이 조항이 "문자 그대로 대한민국 정부가 한반도에 있어서 유일한 합법정부임을 확인하는 조항"이라고 본다.[12) 그리고 이 조항에 의하여 일본이 북한과 "정상적인 외교관계 또는 영사관계를 맺을 수 있는 가능성을 봉쇄"하였다고 이해하고 있다.[13)

이에 반하여 일본 정부는 이 조항이 "유엔총회결의 제195(III)호에 명백하게 표시되어 있는 바와 같이 조선에서의 유일한 합법적 정부라는 것을 확인"[14)한 것으로서 "북조선의 부분에 관해서는 전혀 언급하고 있지 않다"[15)고 이해한

국병합조약은 당시의 국제관계 등의 역사적 사정 속에서 법적으로 유효하게 체결되고 실시된 것이라고 인식을 하고 있습니다"라고 발언하였다. 일본 『第百三十四回國會參議院會議錄 第四號』(1995. 10. 5), 18쪽.

11) 이 조항의 입법과정에 관한 자세한 설명으로, 위 주 7)의 문헌 외에 이원덕(2010), 「한일기본조약과 북한 문제: 유일합법성 조항과 그 현재적 함의」, 『한국정치외교사논총』, 제31권 제2호, 203~209쪽 참조.

12) 대한민국정부(9165), 앞의 책, 19~20쪽.

13) 변종봉 의원의 질의에 대한 이동원 외무부장관의 답변. 제52회 『국회 한일간조약과 제협정 비준동의안심사 특별위원회 회의록』(1965. 8. 5), 제5호, 12쪽.

14) 谷田正躬 외 편(1966), 앞의 책, 15쪽.

15) 谷田正躬 외 편(1966), 위의 책, 16쪽.

다. 그러므로 일본은 "북한과 국교관계를 가지고 있지 않지만 그것은 한국과 국교관계를 가지고 있는 여러 나라의 경우와 마찬가지로 일본이 스스로 취하고 있는 입장에 의한 것으로서 이 제3조의 결과로 그렇게 되었다거나, 그렇게 할 의무를 법률적으로 지는 것은 아니라"고 밝히고 있다.[16] 일본으로서는, 유엔총회결의 제195(III)호가 표시하고 있는 것은 이른바 남한 지역에서는 대한민국 정부가 유일한 합법정부라는 것에 지나지 않으므로, "국제연합총회의 결의 제195(Ⅲ)호에 명시된 바와 같이, 한반도에 있어서의 유일한 합법정부"라는 조문의 의미는 바로 남한 지역에서는 대한민국 정부가 유일한 합법정부라는 것이고, 한반도 전체에 오직 하나의 유일한 합법정부가 있고 그것이 바로 대한민국 정부라는 것을 의미하지는 않는다는 논리를 취하고 있다.

제3조에 명시되어 있는 유엔총회결의 제195(III)호의 규성 내용은 다음과 같다.

> 2. (The General Assembly) Declares that there has been established a lawful government (The Government of Republic of Korea) having effective control and jurisdiction over that part of Korea where the Temporary Commission was able to observe and consult and in which the great majority of the people of all Korea reside; that this Government is based on elections which were a valid expression of the free will of the electorate of that part of Korea and which were observed by the Temporary Commission; and that this is the only such Government in Korea.

이 조항은 한국의 다음과 같은 부분에서(over that part of Korea) 하나의 합법정

16) 谷田正躬 외 편(1966), 위의 책, 16쪽.

부(a lawful government)가 수립되었다고 하면서, 그 부분(part)을 한국인의 다수가 거주하고 국제연합 임시위원회에 의한 선거 감시가 이루어진 남한 지역이라고 밝히고 있다. 따라서 이 조항은 남한 지역에서 하나의 합법정부가 수립되었다는 것을 의미하는 것으로 해석하여야 하며 한반도 전체에 어떤 정부가 수립되었다는 것을 의미하는 것으로 해석하기는 어렵다. "이 정부가 한국에서 유일한(only) 그러한 정부(such Government)"라는 문언도 "이 정부가 한국에서 유일한 합법정부"를 의미한다기보다, "이 정부가 한국에서 유일하게 국제연합 임시위원회의 감시하에 선거권자의 자유의사가 유효하게 표시된 선거에 근거한 정부"를 의미하는 것으로 해석하는 것이 옳다. 일본은 이 결의의 통상적이고 타당한 해석이 이러하다는 점을 전제로, 제3조에 국제연합 총회 결의 제195(III)호에 관한 언급을 포함시키려고 한 것이다.[17] 그러므로 일본으로서는, 기본관계조약에서는 북한에 관하여 규정한 바가 전혀 없고, "이른바 백지 상태"라는 이해를 가지고 있었다.[18]

당시 한국 정부는 스스로 정통성을 대내외적으로 보이기 위하여, 또 현실적으로는 일본과 북한이 수교할 수 있는 가능성을 봉쇄하여 수교 과정에서 일본이 북한에 지불한 돈으로 북한이 경제적인 힘을 가지게 되는 사태가 발생하지 않도록 하려는 목적에서, 한일회담 과정에서 유일합법성 조항에 관해서는 양보하지 않겠다는 방침을 정하고 있었다. 그럼에도 불구하고 제3조에 국제연합 총회 결의 제195(III)호가 언급됨으로써, 일본으로서는 북한과의 수교에 관한 제약을 회피하려는 목적을 달성하였다. 한국으로서는 국제연합 총회 결

17) 장박진(2008), 앞의 책, 22~23쪽.

18) 일본 중의원에서의 시이나[椎名] 외무대신의 답변. 일본『第五十回 國會 衆議院 日本國と大韓民國との間の條約及び協定等に關する特別委員會會議錄 第六號』(1965. 10. 29), 18쪽.

의 제195(III)호에 관한 독자적인 해석을 통하여 적어도 대내적으로는 한국 정부만이 한반도의 유일한 합법정부로서 국제적인 승인을 받고 있는 것 같은 인상을 만들어 낼 여지를 확보한 정도의 성과밖에 없었다고 보아야 할 것이다.

제3조의 기초과정에서 드러난 유일합법성에 관한 입장 차이, 그리고 그 결과로서의 제3조에 관한 한일 양국의 해석의 상위(相違)는 지금은 의미가 없어졌다. 주지하는 바와 같이 1990년 9월 가네마루의 방북과 3당 선언에 의하여 북한과 일본의 수교 교섭은 물꼬가 트였으며 1991~1992년에 이르기까지 수교를 위한 교섭이 있었다. 장기간 결렬되어 있던 북일 수교 교섭은 2000년에 재개되어 2002년 9월 17일에는 고이즈미 일본 총리의 평양 방문으로 북일평양선언이 채택되기도 하였다. 그런 과정에서 한국 정부가 기본관계조약 제3조를 근거로 일본에 대하여 북일교섭의 중단을 요구한 사실은 없다. 오히려 한국은 1988년 7월 7일의 "민족자존과 통일번영을 위한 대통령 특별선언" 제6항에서 "북한이 미국 · 일본 등 우리 우방과의 관계를 개선하는데 협조할 용의"를 표명하였다. 또 2000년 6월 15일의 남북한 공동선언 이후 한국은 일본에 대하여 적극적인 대북 수교교섭을 요청하기도 하였다.[19] 또 한반도 유일합법정부론은 남북한 동시 유엔가입으로 붕괴하였다는 지적도 있다.[20] 이런 상황 변화 속에서 기본관계조약 제3조는 '문제' 조항으로서의 현실적인 의미가 소멸되었다고 보아야 한다.

---

19) 이원덕(2000), 「한일관계 '65년 체제'의 기본성격 및 문제점: 북 · 일수교에의 함의」, 『국제지역연구』, 제9권 제4호, 54쪽.

20) 吉澤文壽(2009), 「日韓國交正常化と殘された課題」, 『戰爭責任研究』, 第66號, 28쪽.

III. 문제의 재음미와 전망의 모색

앞에서 현재까지 남아 있는 기본관계조약의 문제점은 "이미"라는 말로 상징되는 제2조의 의미의 모호성으로 정리할 수 있다는 것을 확인하였다. 이 문제에 관하여, 제2조가 문제라는 점을 지적하고, 제2조와 같은 내용으로 한일 양국의 과거사를 처리한 한일 양국 정부를 비판하고, 조약의 개정론을 전개하는 것은 이미 많이 이루어진 논의다. 여기서 이러한 논의를 되풀이하는 것은 큰 의미가 없을 것이다. 기존 논의의 근원이나 배후에 있는 문제들을 다시 한 번 음미하고, 진지하게 고민하고, 문제의 해결을 위한 전망을 모색해 봄으로써 한일 양국의 진정한 과거 청산과 우호협력관계의 구축을 위한 조그마한 실마리라도 탐색해 보고자 한다.

1. 기본관계 규정의 중요성

한국과 일본은 1965년에 국교를 정상화하면서 이른바 기본관계조약을 체결할 필요가 있었는가? 달리 말하면, 단순히 우호조약이나 통상항해조약을 체결하는 것으로 국교 정상화문제를 처리할 수는 없었는가?

이 질문은 그 대답이 매우 분명하기 때문에 새삼 물을 것도 없는 것처럼 보인다. 그러나 그렇다고 하더라도 이 중요한 질문을 다시 한 번 제기하고, 그에 대한 대답을 살펴볼 필요가 있다.

한국과 일본이 '기본관계'에 관한 조약을 체결할 필요가 있었던 이유는 이미 위에서도 언급된 바와 같이 양국 간의 "특수한 과거관계" 때문이다. 외교관계를 수립한다는 것은 평화 우호관계를 지향한다는 것을 의미한다. 적대 대립관계를 위하여 외교관계를 수립하는 국가는 없기 때문이다. 기본관계조약의 전문에도 양국은 서로의 관계가 "선린"에 입각하여야 하며 "상호 복지와 공통 이익을 증진하고 국제 평화와 안전을 유지"하는 것을 목적으로 삼고 있다는 점을 밝히고 있다. 그러나 일본의 한국 강점과 지배가 남긴 여러 가지 부(負)의 유산을 청산하지 않고 양국이 선린관계를 유지하고 상호 복지와 공통 이익을 증진하기는 어렵다.

일본은 일본의 통치를 원하지 않는 한국인을 자국의 국가 목표와 이익을 위하여 강제로 통치하고 동원하였으며 그 과정에서 수많은 한국인에게 막대한 고통과 피해를 주었다. 이것이 역사적 사실이다. 이것이 역사적 사실이라는 것은 일본의 역대 총리가 한일 양국의 과거사에 관하여 밝힌 담화에서 거듭 확인되고 있다. 이 문제에 관하여 가장 구체적인 표현으로 사과한 호소카와 모리히로 총리의 경우 일본어 사용의 상세, 창씨개명, 위안부 강제연행 등을 구체적으로 거론하면서 "한국인이 일본의 식민지 지배에 의해 참기 어려운 고통과 슬픔을 경험하였다"고 하였다.[21] 가장 최근의 간 나오토[菅直人] 총리의 담화도 식민지 지배가 한국인의 의사에 반하여 이루어졌다는 사실을 인정하여 "3·1 독립운동 등의 격렬한 저항에서도 드러났듯이, 정치적·군사적 배경하에 당시 한국인들은 그 뜻에 반한 식민지 지배로 인하여 나라와 문화를 빼앗기고 민족의 자긍심에 큰 상처를 입었다"고 하면서 그 때문에 한국인이 "다대한 손해와 고통을 당하였다"고 말하고 있다.[22]

양국이 모두 인정하는 비극적인 역사적 사실이 남긴 유산을 청산하지 않은 채 이루어지는 관계는 진정으로 선린 관계일 수 없으며 양국에 진정한 복지와

21) 1993년 11월 6일, 경주에서 있었던 김영삼 대통령과의 회담에서 표명된 사과.

22) 2010년 8월 10일 담화. 그 밖에 일본 총리의 주요한 사과로는 1995년 8월 15일의 무라야마 담화, 1998년 10월 8일의 한일공동선언 속에서의 오부치 게이조[小淵惠三] 총리의 사과, 2005년 8월 15일 고이즈미 담화 등을 들 수 있다.

평화를 가져다줄 수 없다. 그러므로 양국이 이른바 "국교를 정상화"하는 조약에 과거사 문제에 대한 기본적인 입장과 처리 원칙이 규정되어야 한다는 것은 자연스럽고 당연하며 필요할뿐만 아니라, 불화와 반목의 씨앗을 남기지 않는 진정한 선린관계의 수립을 위해서는 너무도 중요한 문제라고 하지 않을 수 없다.

2. 기본관계조약의 법적 성격

양국이 모두 인정하는 과거사 문제에 관하여 기본관계조약은 양국 관계의 기본이 되어야 할 태도와 원칙을 밝히거나 규정하였는가? 다시 말해, 기본관계조약은 이러한 의미에서 진정한 '기본관계조약'으로서의 성격을 가지고 있는가?

기본관계조약이 그 명칭이 의미하는 '기본관계'에 관한 조약이 되려면 양국 외교 영사관계의 수립이나 기타 무역협정과 항공협정의 근거 규정과 같은 실무적 사항에 관한 규정 외에, 과거사에 대한 한일 양국의 공통인식과 청산 원칙, 그리고 양국이 지향하는 미래에 관한 이념적 규정이 있어야 한다. 하지만, 기본관계조약에는 이러한 점에 관한 명확한 규정이 없다.

전문(前文)을 포함하여 조약의 어디에도 일본의 한국 강점에 대한 평가를 담고 있는 문언이 없으며, 당연히 그에 대한 일본의 책임 여하에 관한 규정도 없다.[23] 유일한 관련 조항은 제2조로서, 제2조의 의미에 따라 간접적으로 일본

23) 기본관계조약의 본래 취지에 비추어 전문에 조선에 대한 강압적인 주권박탈, 가혹한 식민통치의 시인, 그에 대한 사죄와 일본의 보상 · 배상의무가 명시되어 있지 않다는 점을 비판하고 있는 견해로 이원덕(1996), 「1965년 한일조약의 문제점과 개정방향」, 중앙일보 통일문화연구소 현대사연구팀 편, 『일본의 본질을 다시 묻는다』, 한길사,

의 한국 강점과 지배의 합법성/위법성에 관한 결론을 얻을 수 있지만, 주지하는 바와 같이 이 조항은 한국과 일본이 각각 주장하는 해석을 모두 허용하는 모호성 때문에 한일 과거사에 대한 법적 평가를 담고 있는 것으로 볼 수 없다.

기본관계조약이 진정 양국의 기본관계에 관한 조약이 되기 위해서는 기술적이고 실무적인 성격을 넘어 한일 양국의 과거사에 관한 평가와 태도 표명을 담고 있어야 한다. 그러나 양국이 실제로 체결한 기본관계조약은 전혀 그러한 내용을 담고 있지 않다. 그런 의미에서 기본관계조약은 그 명칭에 '기본관계'라는 단어가 쓰였지만, 진정한 의미의 '기본관계조약'이 아니다.

3. 구조약 무효조항 규정의 존재 의의

기본관계조약에서 과거사 문제와 관련하여 유일하게 양국 관계의 기본에 관한 사항을 규정하고 있는 것은 제2조다. 그러나 이 조항은 양국 간의 어떤 합의를 담고 있는가?

기본관계조약의 준비문서(preparatory works)[24]라고 할 한일회담의 기록들과, 조약 체결 이후 한일 양국 정부가 일관되게 취한 제2조 해석에 관한 입장은 구조약의 무효시기에 관하여, 그에 따른 일본의 한국 강점과 지배의 합법성/위법성에 관하여 양국 사이에 어떠한 의견의 일치도 없었다는 것을 보여준다. 그런 의미에서 이 조항은 국제법의 규율을 받는 양국의 국제적 합의[25]에 해당되지 않고 조약으로서는 무의미한 조항이다. 역설적으로 이 조항은 양국의 과거사 문제에 관하여 한일 양국 사이에 어떠한 합의도 없다는 점을 보여준다

237쪽.

24) 1969년 조약법에 관한 비엔나협약 제32조.

25) 동 제2조 제1항 (a).

는 의미밖에 없다.

이 조항은 기본관계조약 속에 규정되어야만 하였는가?

구조약 무효조항이 어떤 합의도 담고 있지 않으며 그런 의미에서 조약으로서 의미가 없는 것이라면, 이 조항을 굳이 기본관계조약에 포함시킬 필요가 있었는가?

과거사 문제에 대한 태도 표명이라는 점에서는 구조약 무효조항은 아무런 의미가 없다. 그러므로 이 조항을 굳이 기본관계조약 속에 포함시킬 이유는 없었다. 해결되지 않은 문제가 존재한다는 것을 표시하려는 목적이라면 이 조항이 기본관계조약에 포함될 필요가 있다. 그런 목적이 아니라면 이러한 무의미한 조항이 없는 것이 조약을 더 간명하게 하고 또 문제를 해결할 다른 형식과 기회의 제공이라는 점에서도 바람직하다. 그럼에도 불구하고 이 조항이 기본관계조약에 포함된 것은, 적어도 과거사 문제에 관하여 무관심하지는 않았고 해결을 위한 노력을 기울였다는 흔적을 남기려는 것, 그리고 양국 정부가 과거사 문제에 관하여 편리한 대로 자국 국민을 설득할 근거나 재료를 마련하기 위한 것이라고 볼 수밖에 없다.

구조약 무효조항이 무의미한 조항으로부터 의미 있는 조항으로 변화할 수 있는가?

제2조가 현재 무의미한 조항인 이유는 이 조항의 해석에 관하여 한일 양국 정부의 해석이 다르고 따라서 이 조항은 어떠한 합의도 의미하지 않기 때문이다. 당연히, 양국 정부가 이 조항을 일치된 의미로 해석하게 되면 제2조는 합의의 실질을 획득하게 되고 근본적인 중요성과 의미를 지닌 조항으로 바뀌게 된다. 그러한 변화의 가능성에 관해서는 다시 살펴보겠다.

4. 조약 무효조항 문제의 원인과 책임

기본관계조약에 과거사에 관한 태도와 원칙도 표명하지 않고, 실제로는 어떤 합의도 없는 제2조가 규정된 이유는 무엇인가?

하나의 일이 발생하는 데는 무수한 원인이 존재한다. 기본관계조약이 과거사 문제를 처리하지 못하고 양국이 편리한 대로 해석할 수 있는 제2조를 규정할 수밖에 없었던 것도 정치, 경제, 사회, 문화, 역사, 교육 등 각 분야에서 여러 종류의 원인을 찾아볼 수 있다. 이 문제에 관하여 최근 가장 심도 있는 분석으로 기존의 논의를 뛰어넘는 결론을 제시한 장박진은 박사학위 논문에서 다음과 같이 말하고 있다.

> 우선 한국 정부는 과거 청산에 관한 국민적 합의를 도출할 능력이 없었다. 반일에서도 반공에서도 국민 통합의 구심점을 찾지 못한 한국 정부가 국가의 수호와 생존이라고 하는 절실한 목표에 쫓기어 한일회담에 임함으로써, 대일 청산 과제에 관한 국민적 합의를 도출할 능력이 없었다. 전승국의 입장에서 일본과 평화조약을 체결한 것이 아니라 대등한 국가의 입장에서 국교를 정상화할 수밖에 없었던 한국은 일본 내 과거반성세력이 아니라 과거사에 대하여 반성할 줄 모르는 집권 보수세력과 교섭을 진행할 수밖에 없었다. 국제 정세 역시 과거사에 대한 일본의 반성을 촉구하거나 종용하지 않는 방향으로 조성되어 한국의 입장에서 보면 과거사 청산에 불리하게 작용하였다.[26]

이상과 같은 결론에 의하면, 처음부터 기본관계조약은 과거 청산 문제를 규정하는 데 실패할 수밖에 없었다.

---

26) 장박진(2007), 앞의 책 제3장, 49~193쪽; 장박진(2009), 앞의 책, 76~235쪽.

필자는 장박진의 분석과 결론에 공감하는 바가 크다. 그러나 다음과 같은 점 또한 지적하지 않을 수 없다.

장박진이 말하는 세 가지 이유가 모두 동일한 의미에서 타당한 것은 아니라는 점이다. 다시 말해, 비록 한국이 과거 청산에 관한 국민적 합의를 도출하고 국제정세가 한국에 유리하였다고 하더라도 일본의 집권 세력이 과거를 반성할 줄 모르고, 내심 한국에 대한 식민지 지배는 잘못된 것이 없다거나 아니면 오히려 한국인에게 좋은 일이었다고 생각하고 또 그것을 공공연하게 말하는 한 과거 청산은 불가능하다. 반대로, 비록 한국 정부가 국민적 합의를 만족할 만한 수준으로 도출하지 못하고 국제정세가 반드시 과거사에 대한 일본의 반성에 기초한 한일 국교수립을 요구하지 않았다고 하더라도, 일본의 집권 세력이 한일의 과거사에 대하여 진정으로 반성하고 있었다면 얼마든지 기본관계조약 속에 그러한 반성을 표시하고 과거 청산에 관한 원칙을 규정할 수 있으며, '이미'라는 말로서 사태를 호도하는 기이한 조문은 포함시키지 않았을 것이다. 즉, 기본관계조약에서 과거가 청산되지 못한 것, 제2조가 무의미한 조항이 된 것의 진정한 원인은 한국인이 입은 피해와 고통에 대한 일본 집권 세력의 무반성과 몰신경한 태도 때문이다.

이러한 결론은, 일본 정부가 기회 있을 때마다 밝혀온, '식민지 지배'로 인하여 한국인이 입은 피해와 고통에 대한 사죄가 진심이라는 것을 전제로 한다. 만약 그것이 마음 속에서 우러나온 진정한 사죄가 아니라, 단지 습관처럼 되풀이되는 것, 종이 위의 글이나 입술에서 나오는 말에 지나지 않는 것이라면 이러한 결론이 타당하지 않다. 말로 반성하고 사죄하는 것과는 관계없이, 내심으로는 한국에 대하여 잘못한 일이 없고 한국인에게 피해와 고통을 입힌 적이 없다는 것을 확신하고 있다면 기본관계조약이 전혀 과거사를 청산하지 못한 것, 어디까지나 한국 통치와 지배는 합법적이었다고 주장할 수 있는 근거를 제2조에 마련한 것은 당연하고 성공적인 결과다.

기본관계조약은 목적을 달성하지 못한 실패한 조약인가? 이 질문에 대한 답에 한일 양국의 과거사에 대한 입장과 태도가 드러난다.

5. 기본관계조약의 제약과 극복

일본의 한국 강점과 지배가 한국인의 의사에 반하여 이루어진 것으로서 한국인에게 막대한 고통과 피해를 주었다는 역사적 사실을 인정하고, 이러한 사실에 대한 태도와 그것을 청산하는 원칙이 기본관계조약에 담겨야 한다는 입장에서 보면, 그런 목적을 달성하지 못했다는 의미에서 기본관계조약은 실패한 조약이다.[27] 그러나 기본관계조약이 과거 청산 문제를 제대로 처리하지 못하였기 때문에 한일 간의 과거 청산은 전적으로 불가능하고 실패하였다고 보아야 하는가? 한일 간의 과거 청산은 오로지 기본관계조약에 의해서만 규율되고 실행될 수 있는가?

필자의 답은 그렇지 않다는 것이다. 명확한 과거 청산이라는 점에서 기본관계조약은 실패한 조약이지만, 기본관계조약이 과거 청산의 유일한 수단은 아니다. 일본 정부는 총리의 담화, 한일 정상회담에서의 천황의 발언, 그 밖에 외무대신의 발언이나 국회에서 각료들의 입장 표명을 통하여, 거듭 일본이 한국인의 의사에 반하여 한국을 강점하고 통치하면서 한국인에게 막대한 고통과 피해를 주었다는 역사적 사실을 인정하고 확인하였으며, 그러한 사실에 대

27) 이러한 목적을 달성하지 못했다고 해서, 기본관계조약이 전적으로 무의미하거나 전적으로 실패한 조약이라고 할 수는 없다. 기본관계조약에 의하여 양국은 외교관계와 영사관계를 수립하였으며 그러한 토대 위에서 많은 인적 · 물적 교류가 가능하였다. 이 점에서는 기본관계조약이 의미를 지니며 긍정적인 기능을 수행하고 있다.

하여 적어도 도덕적인 반성을 표명하였다. 비록 법적인 과거 청산에는 해당되지 않는다고 하더라도, 이러한 문서와 발언들의 의미 또한 가볍지 않다.

권한 있는 당국에 의하여 명백하고 구체적인 용어로써 공개적으로 발표되고, 준수 의지가 표명된 국가의 일방적 선언은 국제법상의 의무를 창설한다.[28] 일본 정부가 한일 간의 과거사에 관하여 여러 수준에서 여러 기회와 경로로 밝힌 인식과 사과의 의사가 국제법상의 의무를 창설하는 요건을 충족하지는 않는다. 왜냐하면 일본이 져야 할 법적 의무의 내용이 명백하고 구체적인 용어로 표현되어 있지 않기 때문이다. 그렇지만 동일한 내용의 사실인식과 사죄 의사가 거듭되면 그것은 강한 도덕적 구속력을 갖는다. 적어도 일본 정부는 한일 간의 역사적 사실에 관하여 이들 문서와 발언을 통하여 표명된 것과 다른 인식을 주장할 수 없다. 이 역시 도덕적 의미에서 과거 청산의 한 부분을 구성하는 것이기 때문이다. 그런 의미에서 앞으로도 과거사에 관한 일본 정부의 인식과 태도 표명은 적절한 기회에 거듭 실행되는 것이 좋다.

기본관계조약은 한일 양국 정부가 나서서 법적으로, 다시 말해 국가 차원에서 과거사 문제를 처리하는 수단이다. 그러나 과거사 문제의 처리는 국가 차원을 떠나서도 있을 수 있다.

이 발표의 문제의식과 관련하여 볼 때, 과거사 문제에 대한 한일 양국민의 태도를 다음과 같이 분류하는 것이 의미가 있을 수 있다. 물질적인 보상과 배상에 대한 태도 문제는 배제하고 분류하였다.

---

28) United Nations International Law Commission, Guiding principles applicable to unilateral declarations of States capable of creating legal obligations (2006). Available at http://untreaty.un.org/ilc/summaries/9_9.htm (visited on August 13, 2011).

K1. 일본의 한국 강점과 지배에 대한 일본의 법적 책임을 요구하는 한국인
K2. 일본의 한국 강점과 지배에 대한 일본의 도덕적 책임으로 만족하는 한국인
K3. 일본의 한국 강점과 지배에 관하여 일본의 책임을 추궁하지 않는 한국인
J1. 일본의 한국 강점과 지배에 대한 일본의 법적 도덕적 책임을 인정하고 진심으로 사죄하는 일본인
J2. 일본의 한국 강점과 지배에 대한 일본의 도덕적 책임만을 인정하고 법적 책임은 부정하는 일본인
J3. 일본의 한국 강점과 지배에 관하여 일본은 법적으로도 도덕적으로도 잘못한 일이 없다고 생각하고 행동하는 일본인

이들 세 집단이 실제로 어느 정도의 수와 세력으로 한일 양국에 분포하고 있는지를 필자는 실증적으로 검증한 바가 없다. 그런 의미에서 순진히 논리적인 사고에 지나지 않는다는 흠이 있다는 점을 인정하고, 위 분류 모델을 사용하여 한일 양국의 과거 청산과 화해 협력에 관하여 다음과 같이 생각해 보았다.

이들 세 집단 사이의 조합은 모두 9가지 경우가 있다. 그중 K1–J1, K2–J1, K3–J1, K2–J2, K3–J2, K3–J3 사이에는 문제가 해결되었다. 문제가 해결되지 못한 것은 K1–J2, K1–J3, K2–J3의 세 경우다.

과거사 문제를 해결하고 화해와 협력의 토대를 마련하였다고 할 K1–J1, K2–J1, K3–J1, K2–J2, K3–J2, K3–J3의 관계가 단지 법적이고 공식적인 것이 아니기 때문에 의미가 없다고 할 수는 없다. 양국의 민간 차원에서 이루어지는 과거사의 처리와 화해 협력도 중요하며, 어떤 의미에서는 국가적 차원에서의 화해 협력만큼 또는 그 이상으로 중요할 수도 있다. 왜냐하면 국가 차원의 해결은 민간 차원에서의 문제 해결과 화해 협력을 통하여 비로소 실질적인 의미를 가지기 때문이다.

기본관계조약이 국가적 차원에서 과거사 문제를 해결하지 못한 것은 한국

정부가 K1의 태도를 취하고 일본 정부가 J2의 태도를 취하였기 때문이다. 일본 내에서 J1에 해당하는 사람들이 충분히 다수가 될 만큼 늘어나고 그들이 집권하게 된다면, 그리고 J1의 태도를 정부의 공식 입장으로 실행하는데 장애가 되는 저항이 없을 정도로 J3의 수나 세력이 약화된다면 국가적 차원에서의 문제해결도 가능해진다.

한국인이 역사적으로 경험한 사실에 비추어 한국에서 K2나 K3이 다수가 되는 것은 현실적으로 기대하기 어렵다고 생각된다. 그런 만큼, 한일 양국의 과거 청산과 화해 협력을 위해서는 일본 내에서 J1의 증가가 중요하다. 일본 내에서 한국에 대한 진심어린 사과와 반성의 태도를 지닌 사람들이 어떻게 하면 늘어날 수 있는지를 진지하게 고민해 보아야 한다.

6. 해석 변경과 개정의 가능성

한국의 입장, 또는 일본이 한국을 강점하고 통치하여 다대한 고통과 피해를 입혔다는 점을 인정하고 이 문제가 기본관계조약에서 처리되었어야 한다는 입장에서 보면, 이미 말한 바와 같이 기본관계조약은 그런 의미에서는 실패한 조약이다. 기본관계조약의 실패를 처리하는 방법으로 생각할 수 있는 것은 두 가지다.

첫째는 제2조의 해석을 변경하는 것이다. 이미 언급한 바와 같이 양국 정부가 제2조를 일치된 의미로 해석하게 되면 제2조는 합의의 실질을 획득하게 되고 근본적인 중요성과 의미를 지닌 조항으로 살아난다. 한국 정부는 1995년 10월에 일본 정부에 대하여 제2조에 관한 일본의 해석 변경을 공식적으로 요구한 바 있다.[29] 또 한국 국회도 1995년 10월 16일 "대한제국과 일본제국 간의 늑약에 대한 일본의 정확한 역사인식을 촉구하는 결의안"을 채택하여 제2

조가 한국병합 관련조약의 "원천무효"를 의미하는 것으로 해석되어야 한다는 것을 결의하였다.[30] 일본 정부에 대한 한국 정부의 직접적인 해석 변경 요구나, 정확한 역사인식 촉구라는 형태의 한국 국회의 해석 변경 요구는 기본관계조약의 실패를 처리하기 위한 시도다. 그러나 일본은 이러한 요구에 응하지 않고 있으며 이러한 요구에 응할 가능성도 보이지 않는다.

기본관계조약의 실패를 처리하기 위한 방법으로 제기된 또 하나의 주장은 조약 개정론이다. 1995년 10월 25일, 대한민국 국회에 김원웅 의원 등 106명의 명의로 제출된 "대한민국과 일본국과의 조약 및 협정 폐기 및 재체결 촉구 결의안"은 기본관계조약이 "과거 일본이 저지른 한국침략과 식민통치에 대한 사죄와 반성의 뜻"을 밝히고 "한일합방이 원천적으로 무효"임을 명시하는 것으로 다시 체결되어야 한다는 것을 촉구하였다.[31] 여러 학자들도 기본관계조약의 문제점을 적시하고 개정의 필요성을 주장하고 있다.[32] 그러나 해석의 변경과 마찬가지로 기본관계조약의 폐지나 재개정에 일본이 응할 가능성은 보이지 않는다. 그 이유를 이원덕은 다음과 같이 설명하였다. 첫째, 일본이 여러 차례 과거사에 대한 사죄를 표명하였지만 그것은 어디까지나 한국병합 관련조약의 합법부당론의 틀 속에서 이루어진 것이며 결코 한국의 강점과 통치의 불법성을 인정한 의도는 없고, 둘째, 그 합법부당론마저도 일본 국민의 역사인식에 대한 합의를 바탕으로 한 것이 아니라는 것이다.[33] 기본관계조약

29) 서동만(1999), 「'한일기본조약'과 '조일수교교섭'의 상관관계」, 『아세아연구』, 제42권 제2호, 71~72쪽.

30) 서동만(1999), 위의 논문, 72쪽.

31) 이원덕(1996), 앞의 논문, 263쪽.

32) 김창록(2005), 앞의 논문, 112쪽; 이원덕(1996), 위의 논문, 272쪽; 한상범(2002), 「韓 · 日 協定(1965년), 왜 改訂해야 하나?」, 『亞-太公法硏究』, 제10집, 87~101쪽.

33) 이원덕(1996), 위의 논문, 269~270쪽.

개정의 가능성에 관한 이러한 현실 진단이 나온 것은 1996년의 일이지만, 사정은 지금도 달라지지 않았다.

아직도 일본의 한국 강점과 식민지 지배를 한국인의 고통과 피해로 인식하고 경험한 사람들에게 기본관계조약은 실패한 조약으로 남아 있다.

7. 해결의 모색과 전망

한일 간의 과거 청산과 진정한 화해 협력을 바라는 입장에서 볼 때, 기본관계조약의 문제점에 관한 검토는 암울한 결론과 전망만 제시하고 있다.

기본관계조약이 문제의 조약으로 체결되었고 실패한 조약으로 남아 있는 것에 비추어 볼 때, 아직도 일본의 한국 강점과 지배에 대한 일본의 법적 · 도덕적 책임을 인정하고 진심으로 사죄하는 일본인이 적으며, 일본의 한국 강점과 지배에 관하여 일본은 법적으로도 도덕적으로도 잘못한 일이 없다고 생각하고 행동하는 일본인이나, 일본의 한국 강점과 지배에 대한 일본의 도덕적 책임만을 인정하고 법적 책임은 부정하는 일본인이 다수를 차지하고 있는 것으로 추론된다. 이런 상태에서는 기본관계조약의 실패는 해결될 수 없으며 기본관계조약 제2조에 관한 한일 양국의 일치된 해석은 기대할 수 없다.

그러나 현실은 언제나 변화하며, 1965년에 기본관계조약이 체결된 이후에도 끊임없이 변화하여 왔다. 일정한 한계 내의 일이기는 하지만 식민지 지배에 대한 일본의 역사인식에도 진전이 있다. 또 1965년의 한국은 일본에 대한 전승국의 지위도 인정받지 못하고 미국과 같은 유력한 국가로부터 일본에 대한 자국의 입장을 적극적으로 지지받지도 못하는 국제정세 속에서, 전쟁을 치르고 피폐해진 경제적 약소국으로서, 일본에 대하여 자국의 주장을 관철시킬 아무런 수단도 가지지 못한 채, 쿠데타로 집권하여 정통성에 흠결이 있는 정부가 나서서 기본관계조약과 그 밖의 협정들을 체결하였다. 그러나 지금의 한국은 투쟁과 노력에 의하여 민주주의를 쟁취한 국가로서, 국제사회에서 무시할 수 없는 경제적 발전을 이루었을 뿐만 아니라 일본의 입장에서도 중요한 교역의 상대 국가로 변모하였다. 국제정세의 변화에 대하여는 따로 논하지 않거니와, 사정은 근본적으로 달라졌다고 할 수 있다.

현실과 법 사이에 괴리가 생기면 그러한 괴리는 메워야 한다. 해석의 변경을 통하여 그러한 괴리를 메울 수 있으면 법의 폐지나 개정은 필요 없다. 그러나 해석상의 조작으로 괴리를 메울 수 없는 경우에는 기존의 법을 폐지하고, 새 법을 만들거나 있는 법을 개정하여야 한다. 현실과 벌어진 법은 제대로 기능하지 못하고 문제를 만들어내기 때문이다. 이 문제는 국제법에서는 "조약의 평화적 변경"의 문제로 알려져 있다. 국제연맹규약 제19조는 이 문제를 규율하기 위한 조항으로서 다음과 같이 규정하고 있다.

> 총회는, 연맹 회원국이 적용할 수 없게 된 조약들을 재검토하고, 그것이 계속되면 세계 평화를 위험하게 할 수 있는 국제적인 상황을 검토하는 것을 수시로 권고할 수 있다.[34)]

과거사 문제에 대한 한일 양국의 입장 차이가, "그것이 계속되면 세계 평화를 위험하게 할 수 있는 국제적인 상황"이라고는 할 수 없을지 모른다. 그러나 적어도 "그것이 계속되면 한일 양국의 진정한 선린관계의 실현과 상호 복지와 공통 이익 증진의 달성, 나아가 국제 평화와 안전을 유지하는 데 방해가 되는

34) "The Assembly may from time to time advise the reconsideration by Members of the League of treaties which have become inapplicable and the consideration of international conditions whose continuance might endanger the peace of the world."

상황"에 해당할 수는 있다. 또 기본관계조약 중의 제2조는 처음부터 "적용할 수 없는" 조항이었다. 그런 의미에서 기본관계조약은 '재검토'가 필요하며 그것을 둘러싼 한일 양국의 입장의 차이도 "검토"의 대상이 되어야 한다.

해결은 변화에 의해서만 가능하다. 이미 말한 바와 같이 한국에 관한 사정은 많이 변하였다. 일본의 태도에도 일정한 변화가 있지만 그것은 해결을 실현시키기에는 부족하다. 일본의 한국 강점과 지배에 관하여 일본의 책임을 추궁하지 않는 한국인이 다수가 될 수 없다면, 문제의 해결은 일본의 한국 강점과 지배에 대한 일본의 법적 · 도덕적 책임을 인정하고 진심으로 사죄하는 일본인의 증가에서 찾을 수밖에 없다. 이 문제 해결에 관하여 한국 측 태도는 상수(常數)에 가깝다. 그러므로 변수는 일본 측의 태도에서 찾아야 한다.

그러나 일본 측의 태도 역시 변수라고 부를 정도의 유연성이 없다. 그렇다면 유연성을 기르고, 일본의 한국 강점과 지배에 대한 일본의 법적 · 도덕적 책임을 인정하고 진심으로 사죄하는 일본인이 증가할 수 있는 방법은 무엇인가?

알지 못하고 느끼지 못하면 사과의 진심이 생길 수 없다. 그러므로 무엇보다 지식의 전파와 교육이 중요하다.

일본이 어떤 목적으로, 누구의 이익을 위하여 한국을 강점하고 통치하였는지를 명확하게 밝혀서 알게 하여야 한다. 그 과정에서 한국인이 당한 피해와 고통을 알려야 한다. 그것이 직면하기에 유쾌한 사실이 아니더라도, 그런 사실을 직시하도록 하여야 한다. 일본인이 자신의 역사와 선조들의 행위에 대하여 자긍심을 가지고 싶어하는 욕구는 부정하여야 할 대상이 아니다. 그것은 자연스럽고 당연한 욕구이며 일본인은 자긍심을 느낄 자격이 있다. 그러나 그러한 자긍심은 엄연한 역사적 사실을 외면하거나 부정하고, 책임을 회피함으로써 얻어지고 유지되는 것이 아니라는 것을 깨닫도록 도와야 한다. 일본의 역사나 선조들의 행위가 전적으로 자랑스럽거나 전적으로 부끄러운 것이 아니라는 점을 알도록 하여야 한다. 자랑스러운 역사와 선조에 대해서는 자긍심을 느끼고, 반성하여야 할 역사에 대해서는 반성하는 것이 거짓되지 않은 자긍심이며 이웃 국가와 세계의 시민들에게 수용될 수 있는 자긍심이라는 것을 알려야 한다. 한국과 일본이 과거사를 청산하고 진정으로 화해하고 협력하면 많은 사람이 고통에서 벗어나고 더 많은 사람이 지금보다 훨씬 행복해지는 양국의 미래가 기다리고 있다는 것을 보여주어야 한다.

이러한 지식과 인식의 전파를 위하여 사용할 수 있는 모든 매체를 사용하여야 한다. 그리고 양국의 과거사 문제에 대한 관심이 세상의 주목을 끄는 사건이나 발언이 있을 때만 한하지 않고 지속적으로 유지될 수 있도록 노력을 기울여야 한다.

이러한 노력을 기울이는 데도 현실의 어려움은 있다. 무엇보다도 일본에서 공교육에 관한 권한이 반성에 소극적이거나 반성의 진정성이 의심되는 사람들의 손에 주어져 있다. 문제가 해결되지 못하고 악순환이 되풀이될 수밖에 없는 조건이다. 그렇더라도 희망을 버리지 말고, 학교 안에서 전파할 수 없다면 학교 밖에서라도 한일 간의 과거사에 대한 진정한 반성과 사죄의 토대가 될 지식과 인식을 널리 퍼져나가게 하여야 한다.

이러한 노력은 한국만을 위한 일이 아닌 평화로운 일본을 만들기 위한 일이기도 하며, 한일 양국 모두를 위한 일이다.

Ⅳ. 맺음말

이상의 검토와 고찰의 결론은, 기본관계조약이 지닌 문제의 해결은 일본의 태도 변화를 통해서만 달성될 수 있다는 것이다. 그리고 이 문제의 해결책으로 일본인의 태도 변화가 이루어질 수 있도록 진정한 반성과 사죄의 토대가 될 지식과 인식을 전파하여야 한다는 것을 문제의 해결책으로 제시하였다.

일본에 대해서만 일방적인 요구를 하는 것처럼 보이기도 한다. 그렇다면 이 문제에 관하여 한국에게 특히 필요하고 요구되는 것은 없는가?

이 점에 관하여 전적으로 개인적인 몇 가지 생각을 말하는 것으로 이 글을 맺으려 한다.

첫째, 한일 간의 과거 청산을 통하여 한국인의 자존심을 회복하는 것은 좋은 일이다. 그러나 한국인의 자존심을 회복하기 위하여 가해자인 일본을 영원히 정죄(定罪)할 필요는 없다. 가해자는 가해 행위를 통하여 스스로에게도 가해한다. 그런 의미에서 가해자는 가해자인 동시에 스스로에 대한 피해자다. 또 일본 국민들 중에는 한국에 대한 가해 행위에 가담하지 않은 사람이 있고 그 때문에 일본 내에서 피해자의 입장이 된 사람도 있다. 이들 모두 일본의 한국 강점과 지배로 인해 입은 상처에서 회복되어야 한다. 일본이 악하다는 것을 증명하고, 일본을 마음껏 비난하고, 마음에도 없는 사죄를 억지로라도 받아내는 것이 혹시라도 과거 청산의 동기가 되어서는 안 된다. 그것은 한국인에게도 아무런 도움이 되지 않는다. 과거 청산을 요구하는 동기는 한국뿐 아니라 일본도 돕겠다는 것이 되어야 한다.

둘째, 한국을 민주적이고 높은 도덕성을 가진 국가로 만들어야 한다. 한일회담의 과정을 보면, 일본은 한국을 낮추어 보고, 마음대로 대하였다는 느낌이 있다. 강점과 식민지 지배에 대하여 진정한 사죄의 자세는 없었다. 그런 일을 다시 당하지 않으려면 한국은 일본이 함부로 낮추어 볼 수 없는 국가로 변모하여야 한다. 현재 경제력과 군사력으로 그렇게 되기는 어렵지만 도덕성에 있어서는 한국이 수월(秀越)한 국가가 될 수 있다. 일본으로부터 진심으로 존중

받는 국가가 되는 방법 중 하나는 정치적으로 민주적이고 사회적으로 높은 도덕성이 지배하는 국가를 건설하는 것이다. 국가가 지닌 높은 도덕성은 경제력 · 군사력에 뒤지지 않은 강한 힘을 가지면, 한국이 그러한 민주적이고 도덕적인 국가가 될 때 일본으로부터 더 존중받을 수 있을 것이다.

셋째, 한국은 일본에 대하여 요구하고 주장하는 것을 스스로 실천하여야 한다. 한국은 다른 국가의 국민에게 일본이 한국에 대하여 입힌 피해와 고통을 준 일이 없는지를 살피고, 그런 일이 있다면 사과하고 보상 · 배상하여야 한다. 나아가 한국이 비난하는 일본의 행위를 한국 자신은 다른 국가와 국민에게 결코 하지 않겠다고 결의하여야 한다. 이는 한국이 도덕적인 국가가 되기 위하여 필수적으로 요구되는 조건이기도 하다.

대한민국정부(1965), 『한일회담백서』.

장박진(2009), 『식민지 관계 청산은 왜 이루어질 수 없었는가』, 논형.

중앙일보 통일문화연구소 현대사연구팀 편(1996), 『일본의 본질을 다시 묻는다』, 한길사.

한일관계사연구논집 편찬위원회 편(2005), 『해방 후 한일관계의 쟁점과 전망』(한일관계사연구논집 10), 경인문화사.

김창록(2005), 「한일기본조약 및 청구권협정의 내용과 성격－법적 관점에서의 접근」, 한일관계사연구논집 편찬위원회 편, 『해방 후 한일관계의 쟁점과 전망』(한일관계사연구논집 10), 경인문화사.

박배근(2003), 「한국병합관련 '조약' 유무효론의 의의와 한계」, 『법학연구』(부산대학교 법학연구소), 제44권 제1호.

배재식(1970), 「한일기본조약연구－제2, 3조의 규정내용을 중심으로」, 『국제법학회논총』, 제15권 제1호.

서동만(1999), 「'한일기본조약'과 '조일수교교섭'의 상관관계」, 『아세아연구』, 제42권 제2호.

이원덕(1996), 「1965년 한일조약의 문제점과 개정방향」, 중앙일보 통일문화연구소 현대사연구팀 편, 『일본의 본질을 다시 묻는다』, 한길사.

이원덕(2000), 「한일관계 '65년 체제'의 기본성격 및 문제점: 북·일수교에의 함의」, 『국제지역연구』, 제9권 제4호.

이원덕(2005), 「한일협정 이후 한일과거사 문제의 개선방향－조약개정 가능성의 검토」, 한일관계사연구논집 편찬위원회 편, 『해방 후 한일관계의 쟁점과 전망』(한일관계사연구논집 10), 경인문화사.

이원덕(2010), 「한일기본조약과 북한 문제: 유일합법성 조항과 그 현재적 함의」, 『한국정치외교사논총』, 제31권 제2호.

장박진(2007), 『한일회담에서의 식민지관계 청산연구』(박사학위논문, 한국외국어대학교 국제지역대학원 국제관계학과).

장박진(2008), 「한일회담에서의 기본관계조약 형성과정의 분석 – 제2조 '구조약 무효조항' 및 제3조 '유일합성법 조항'을 중심으로」, 『국제지역연구』, 제17권 제2호.
한상범(2002), 「韓 · 日 協定(1965년), 왜 改訂해야 하나?」, 『亞-太公法研究』, 제10집.
한국 『제52회 국회 한일 간 조약과 제협정 비준동의안심사 특별위원회 회의록 제5호』(1965. 8. 5).

谷田正躬 · 辰巳信夫 · 武智敏夫 편(1966), 『時の法令別冊 日韓條約と國內法の解說』, 東京: 大藏省印刷局.
吉澤文壽(2009), 「日韓國交正常化と殘された課題」, 『戰爭責任研究』, 第66號.
일본 『第五十回 國會 衆議院 日本國と大韓民國との間の條約及び協定等に關する特別委員會會議錄 第六號』(1965. 10. 29).
일본 『第百三十四回 國會 參議院會議錄 第四號』(1995. 10. 5).

United Nations International Law Commission, Guiding principles applicable to unilateral declarations of States capable of creating legal obligations (2006). Available at http://untreaty.un.org/ilc/summaries/9_9.htm (visited on August 13, 2011).

'재일교포지위협정'의 국제법적 의의와 문제점

제주대학교 법학전문대학원 교수 **김부찬**

‘재일교포지위협정’의 국제법적 의의와 문제점*

제주대학교 법학전문대학원 교수 **김부찬**

I. 머리말

1945년 8월 일제의 지배로부터 벗어나고 1948년 8월에 정부를 수립한 대한민국(이하, ‘한국’과 혼용)은 일제의 지배로 인한 문제를 청산하고 양국 간의 관계 정상화를 목적으로 1951년 10월부터 일본과의 회담을 시작하였다. 이후 14년 간에 걸쳐 거듭되었던 ‘한일회담(韓日會談)’[1]에서 ‘재일교포(在日僑胞)’ 또는 ‘재일

---

* 이 글은 2011년 8월 12일 ‘한일협정의 국제법적 문제점에 대한 재조명’을 주제로 동북아역사재단이 주최한 ‘한일강제병합 100년 역사와 과제 재조명 국제학술회의’에서 발표한 논문(「‘재일교포지위협정’의 국제법적 의의 및 문제점」)을 수정 · 보완한 것으로 『法과 政策』, 제18집 제1호에 게재된 것임.

1) ‘한일회담’은 1951년 10월 20일 일본에 주둔하고 있던 연합군총사령부(SCAP/GHQ)의 주선으로 東京에서 예비회담을 가지게 된 것이 그 시작이었다. 1952년 2월 15일에 본회담 제1차 회의가 열렸으며, 1965년 6월 22일에 열린 제7차 회담에서 조약을 체결할 때까지 14년이 걸렸다. 이에 대해서는 嚴堯燮(1990), 「韓日會談에 관한 歷史的 再照明」, 『일본연구』, 제1권, 65~85쪽; 대한민국정부(1965), 『한일회담백서』 참조.

한국인(在日韓國人)' [2]의 법적지위 및 대우 문제는 그 핵심의제 중 하나였다. 재일교포 문제는 일본의 불법 지배와 관련된 역사적 특수성을 가지고 있는 묵은 숙제인 동시에 국제법상 외국인(外國人) 및 소수자(少數者, minorities)[3]의 보호 차원에서 접근되어야 하는 보편적인 국제인권법의 문제이기도 하다.

1965년 6월에 회담이 타결되고 '대한민국과 일본국 간의 기본관계에 관한 조약(Treaty on Basic Relations between the Republic of Korea and Japan, 이하, '기본관계조약')'을 체결함으로써 한일 양국은 상호 간에 외교 및 영사관계를 수립하고,[4] 동시에 '일본국에 거주하는 대한민국 국민의 법적지위 및 대우에 관한 협정(이하, '법적지위협정')' [5]을 통하여 재일한국인의 지위 및 처우에 대한 제도개선에 합의하

2) '재일교포'나 '재일한국인'이라는 용어 외에 '재일조선인', '재일한국 · 조선인', '재일동포' 그리고 '재일코리안' 등 다양한 용어가 사용되고 있으나[이에 대해서는 金敬得(2003), 「在日朝鮮人이 본 '在外同胞法'과 向後의 課題」, 『韓日民族問題硏究』, 제5호, 131쪽 주 1) 참조], 여기서는 '재일한국인'과 '재일교포'를 혼용하기로 한다.

3) 사전적 정의에 따르면 '少數者'는 "人種, 宗敎, 言語, 또는 國籍 등에서 그들이 소속되고 있는 사회의 다른 구성원들과 구별되며, 스스로 또는 다른 구성원들에 의하여 분리되고 구별되는 것으로 인식되어지는 사람들의 집단"(an aggregate or a group of people)으로 정의되고 있다. *The New Encyclopedia Britannica*, Vol. 27, p. 356; Arnold Rose, "Minorities," David L. Sills (ed.), *International Encyclopedia of the Social Sciences*, Vol. 10, p. 365 참조. 광의로 본다면, '소수자'는 오랜 기간에 걸쳐서 일정한 민족적 집단을 구성하고 있는 소수자, 즉 '소수민족(national minority)'만이 아니라, 정치적 · 경제적 이유로 외국에 집단적으로 거주하고 있는 난민(refugee), 외국인(foreigners), 그리고 무국적자들(stateless persons)도 그 범주에 포함시킬 수 있을 것이다. 김부찬(1997), 「국제법상 소수자의 권리」, 『동아시아연구논총』, 제8집, 제주대학교, 2쪽.

4) 제1조 "양 체약당사국 간에 외교 및 영사관계를 수립한다. 양 체약당사국은 대사급 외교사절을 지체 없이 교환한다. 양 체약당사국은 또한 양국 정부에 의하여 합의되는 장소에 영사관을 설치한다."

5) 이때 기본관계조약과 함께 채택된 것은, 법적지위협정 외에 '대한민국과 일본국 간의 어장에 관한 협정'(이하, '어업협정'), '대한민국과 일본국 간의 재산 및 청구권에 관한 문제해결과 경제협력에 관한 협정'(이하, '청구권협정'), 그리고 '대한민국과 일본국 간

였다.[6] 그러나 기본관계조약은 물론 법적지위협정의 내용을 보면 당초 한국이 일본으로 하여금 한국에 대한 불법지배 책임을 인정하고 그에 대한 배상의 차원에서 재일한국인의 법적지위에 대한 보장을 받아내고자 했던 목표와 취지는 상당 부분 퇴색되어 버렸으며, 법적지위협정을 통하여 재일한국인의 법적지위를 근본적으로 보장하는 데는 많은 한계가 있었다.[7]

법적지위협정이 발효된 후에도 재일한국인 법적지위의 불안정성 및 차별대우 문제가 계속하여 제기되었고 한일 양국 간의 외교문제로 발전되는 경우도 비일비재하였다. 재일한국인의 법적지위와 관련하여 협정영주권(協定永住權)의 범위 확대, 강제퇴거(強制退去) 및 지문날인(指紋捺印) 철폐, 교육 및 고용과 관련된 차별대우 해소와 관련된 문제들은 여전히 미해결의 과제로 남아 있었다. 법적지위협정에 의하여 이른바 '협정영주권'을 보장받았던 2세들 이후 3세대가 태어나기 시작할 무렵인 협정 발효 후 25년이 되는 1991년 이전에 협정 제2조에 의거하여 영주권의 범주를 확대하는 문제를 포함한 이른바 '1991년 문

의 문화재 및 문화협력에 관한 협정'(이하 '문화재협정') 등이다. 이들 협정을 이른바 '한일협정'이라고 한다. 한상범(2002), 「韓日協定(1965年), 왜 개정해야 하나?」『아·太公法硏究』, 제10집, 89쪽.

6) 당시 정부는 "과거 20년 동안 불안정한 지위에 놓여 있던 재일한국인들은 위에서 말한 법적지위와 대우에 관한 협정이 발효됨으로써 앞으로 어느 외국인보다도 특수한 대우를 받게 되었다. 즉 재일교포들은 영주권을 얻어 제반 사회생활면에서 본토인과 다름없이 안정된 지위를 얻게 되었으며 ……"라고 하면서 법적지위협정의 체결에 대하여 매우 긍정적으로 평가한 바 있다. 公報部(1965), 「韓日協定을 通해 본 在日僑胞의 法的地位 및 待遇(韓日協定條約解說)」, 『地方行政』, 제14권, 167쪽.

7) 예를 들어, 1965년 6월 22일 在日韓國青年同盟은 비난성명을 발표하고, 子子孫孫 협정영주권의 보장, 강제퇴거 사유 중 제4항 반대, 일본인과 동등한 사회보장 실시, 교육의 기회균등, 부당과세의 폐지 등을 주장하였다. 유철종(1976), 「在外國民의 法的 地位問題」, 『論文集』, 제3집, 250~251쪽; 도노무라 마사루(2005), 「한일회담과 재일조선인-법적지위와 처우 문제를 중심으로」, 『역사문제연구』, 제14호, 106쪽.

제'[8]를 해결하고 법적지위협정의 내용을 보완하기 위한 목표를 가지고 한국 정부는 일본과의 협상을 요청하였다.

그 결과 1991년 1월 한일 양국 외무장관 간의 '일본국에 거주하는 대한민국 국민의 법적지위 및 처우에 관한 각서(이하, '合意覺書')' 교환을 통해 재일한국인의 법적지위 및 처우 개선에 관한 그동안의 협의를 마무리하였다. 현재 재일한국인의 법적지위는 법적지위협정을 대체한 이 합의각서에 의하여 규율되고 있다.[9] 합의각서에 의하여 법적지위협정의 문제점이 보완됨으로써 재일한국인들의 법적지위가 좀 더 안정되고 사회생활상의 처우 개선이 보장되는 계기가 마련되기는 하였으나, 현재도 재일한국인의 법적지위 및 권익 보호에 여전히 많은 문제점이 있다고 지적되고 있는 실정이다.

이 글은 한일협정이 체결된 지 반세기 가까운 세월이 흘렀으면서도 여전히 재일한국인의 법적지위 및 대우에 관한 문제가 해결되지 않는 현실을 직시하면서, 당초 기본관계조약과 함께 법적지위협정이 많은 문제점을 안고 체결되었다는 점을 상기하고 그 해결방안을 모색하기 위한 목적으로 작성되었다. 1965년 법적지위협정이 1991년에 합의각서로 전면 개정 · 대체되었음을 감안하여 양자(兩者)의 의의 및 문제점을 바탕으로 향후 재일교포 법적지위의 개선과제에 대하여 검토하기로 한다.

---

8) 1965년 한일관계 정상화 시 한국 국적을 보유한 재일한국인에게는 協定永住權을 부여하였으나 당시 협정영주권자의 후손의 법적지위는 미해결 상태로 남겨두었다. 이 문제를 1965년을 시점으로 25년 이내에 한국 측의 요청이 있으면 일본은 재일한국인의 법적지위에 대하여 재협의하기로 당시 결정한 바 있는데, 그 시한이 1991년 1월로 되어 있기 때문에 이를 이른바 '1991년 문제'라고 한다. 金應烈(1992), 「난민조약과 재일한국인」, 『亞細亞研究』, 第88號, 79~80쪽.

9) 재일한국인 정책 및 법적지위의 경과에 대해서는 保坂祐二(2000), 「在日코리안의 法的地位(改正된 '國籍法'과 '入管法'을 中心으로)」, 『平和研究』, 제8권 제1호, 고려대학교 참조.

II. 재일교포 법적지위 문제의 의의

1. 법적지위 문제의 배경

'재일교포' 또는 '재일한국인'이라 함은 과거 일제(日帝)의 불법적 강점기(强占期) 동안에 일본으로 건너가 현재 일본에 거주하고 있는 한국인 혈통을 가진 외국인 및 그 후손을 의미하며 그 국적이 '대한민국(大韓民國)'인가, 아니면 '조선(朝鮮)'인가는 불문한다.[10] 재일한국인은 일반외국인들과 달리 그 존재의 단서(端緖)가 일제의 한국에 대한 불법지배로부터 시작되고 있다는 점에서 역사적 특수성을 가지고 있다.[11] 일제 시대에 일본으로 이주한 재일교포들은 자신의 국적(國籍)과 정체성(正體性, identity)을 유지하면서 일종의 소수민족으로 지금까지 일본 사회의 일원으로 정주하고 있는 것이다.[12]

---

10) '재일한국인'의 범주에 대해서는 다양한 견해가 있으나, 여기서는 일본에 거주하는 한국인 혈통을 가진 사람 중에서 한국(조선) 국적을 가진 '定住者'에 한정하여 논하기로 한다. 일본 내 '정주자'로서의 한국인은 일본의 입장에서 보면 '정주외국인'으로서의 지위를 갖게 된다. 徐龍達, 김용기 譯(2000), 「在日韓朝鮮人의 地方參政權」, 『경영경제』, 제33집 1호, 183~184쪽; 최영호(2001), 「在日韓國人의 參政權에 대한 韓日兩國의 政治的 態度에 관한 硏究」, 『영산논총』, 제7집, 영산대학교, 2쪽.

11) 文京洙(1998), 「在日韓國人問題의 起源」, 『동아시아연구논총』, 제9집, 제주대학교, 179~198쪽 참조.

12) 李光奎(1993), 『在日韓國人』, 一潮閣, 16~46쪽; 정인섭(1996), 『재일교포의 법적지위』, 서울대학교출판부, 1~6쪽 참조. 과거 한국과 일본 모두 국적법상 '父系血統主義'를 채택하고 있었기 때문에 재일한국인의 수는 1950년대 중반부터 60여만 명 수준으로 유지되어 올 수 있었다. 그러나 이러한 상황은 1985년부터 일본이 국적법을 개정하여 '父母兩系血統主義'를 채택함에 따라 크게 변화하기 시작하였다. 실제 1985년부터 재일한국인의 수는 감소하기 시작하였으며 이러한 추세는 앞으로도 계속될 것으로 전망되고 있다. 1997년부터 한국도 일본과 마찬가지로 '父母兩系血統主義'를 채택했는데도 장기적 관점에서 이러한 상황이 달라질 가능성은 없어 보인다. 李長熙 편

일본에서 '정주외국인(定住外國人)'이라 함은 특히 재일한국인을 가리키는 용어로서, 재일한국인은 대표적인 일본 내 정주외국인이다.[13] 재일한국인들은 일제의 강점기 동안 여러 가지 면에서 일본 국민들과는 다른 차별대우를 받았던 것이 사실인데도 적어도 형식상으로는 일본 국민, 즉 일제의 '신민(臣民)'으로서의 지위를 부여받고 있었다. 그러나 1951년 9월 샌프란시스코에서 체결된 '대일평화조약(對日平和條約, Treaty of Peace with Japan, 이하, '평화조약')'을 기점으로 일본은 모든 '재일한국인'을 '외국인'으로 인정하겠다고 천명함으로써 재일한국인을 법적으로 일반외국인과 동일하게 취급하기 시작하였다. 그러나 일본은 그 이전인 1947년 5월부터 시행한 '외국인등록령(外國人登錄令)'에 따라 재일한국인들에게도 외국인 등록을 요구하고 또한 강점기 동안에 재일한국인들에게 부여되고 있던 '참정권(參政權)'도 인정하지 않는 등,[14] 이미 재일한국인을 외국인으로 간주하고 이들에 대한 차별 및 억압 정책을 실시하였던 것이 사실이다.

저(1998), 『韓日間의 國際法的懸案問題』, 亞社研, 111~118쪽 참조.

13) '定住外國人'이라 함은 일본 사회에 생활기반이 있고 사회적 생활관계가 일본인과 실질적으로 차이가 없지만 일본 국적을 가지지 않는 외국인을 말한다. 구체적으로는 ① 일본제국의 침략에 의하여 직·간접을 불문하고 渡日을 강요당한 한국인, 중국·대만인 등이며, ② 前項의 한국인이나 중국·대만인 등의 子孫으로서 일본에서 출생하여 성장한 자, ③ 일본에 거주하여 3년(국제법상 귀화허용 最短年數) 이상인 자로서, 생활기반이 일본에 있고 납세의 의무를 다하고 있는 기타 외국인을 말한다. 徐龍達, 김용기 譯(2000), 앞의 논문, 185쪽.

14) 참정권은 사실 1945년 '衆議院選擧法' 개정과 1947년 '衆議院選擧法' 및 '地方自治法' 개정을 통하여 이미 재일한국인에게는 적용되지 않고 있었다. 그러나 오늘날 재일한국인의 지방참정권 획득운동과 관련하여 이른바 식민지 시대에 재일한국인에게 인정되고 있었던 참정권을 다시 회복하자는 식의 주장은 재고할 필요가 있다고 본다. 왜냐하면 이러한 주장은 日帝의 불법적인 한국 지배를 합법화하는 것으로 오해될 수 있기 때문이다. 최영호(2000), 「日本敗戰直後 參政權問題에 대한 在日韓國人의 對應」, 『한국정치학회보』, 제34집 제1호, 196쪽 참조.

일본의 경우는 그렇다 치더라도 승전국인 연합국총사령부(SCAP/GHQ)의 경우도 일본 점령 초기인 1945년 11월의 '기본지령(基本指令, JCS-1380/15)'에서 한편으로는 재일교포들을 '해방민족(解放民族, liberated peoples)'으로 간주하여 적국(敵國)인 '일본인'에 포함되지 않는다고 하면서도, 필요에 따라 '적국인(enemy nationals)'으로서 처우해도 된다고 지시하기도 함으로써 재일한국인의 정체성 및 법적지위에 많은 혼란이 야기되는 빌미를 제공하였다. SCAP/GHQ의 모호한 태도는 '대한민국'의 지위에 대한 경우에도 예외가 아니었다. 1945년 10월 31일의 SCAP/GHQ 각서에서 '대한민국'은 연합국, 중립국, 적국 가운데 그 어느 정의(定義)에도 해당하지 않는 것으로 인식되었으며, 그 2년 후인 1947년 8월 4일자의 같은 취지의 각서에서도 한국은 결국 어느 유형의 범주에도 해당하지 않는 '특별지위(Special Status)국'으로 규정되고 있었다.[15)]

이와 같이 패전국인 일본은 물론 연합국 모두에게 때로는 '일본인', 때로는 '외국인', 또한 때로는 '일본인도 아니고 그렇다고 외국인도 아닌' 애매한 지위를 가진 존재로 인식되던 것이 평화조약 체결 이전 재일한국인 법적지위의 실상이었다.

1948년 8월 15일 대한민국 정부가 수립되고, 또한 1952년 4월에 평화조약이 발효되고 나서 일본 정부가 재일한국인을 공식적으로 외국인으로 간주하겠다는 입장을 표명한 것을 계기로 한일 양국은 상호 간에 재일한국인의 법적지위를 확정하고 일본 내에서의 생활안정과 처우를 법적으로 보장해야 할

15) 外務省特別資料部 編(1989), "Definition of 'United Nations,' 'Neutral Nations,' and 'Enemy Nations," 33~35쪽 및 外務省特別資料部 編(1989), "Definition of United, Neutral, Enemy, Special Status and Undetermined Status Nations," 35~37쪽. 장박진(2009), 「한일회담 개시 전 한국정부의 재일한국인 문제에 대한 대응 분석: 대한민국의 국가정체성과 '재일성(在日性)'의 기원」, 『아세아연구』, 제52권 제1호, 207~208쪽에서 인용.

필요성을 인식하게 되었다. 이것이 제1차 한일회담 개최의 중요한 동기가 되었다.[16]

2. 재일교포의 국적과 법적지위 문제

재일한국인 또는 재일교포 법적지위(法的地位)의 불안정성은 곧 대한민국의 '지위' 및 재일한국인의 '국적' 문제에 관한 국제법적 기준 및 사실 인식의 혼란에 바탕을 두고 있었다고 할 수 있다.

국제법상 일반적으로 일정한 국가영역에 대하여 책임을 지는 주체인 국가가 다른 국가로 대체되는 것을 국가승계(succession of State)라고 하며,[17] ① 국가영토 일부의 이전(succession in respect of part of territory), ② (식민지 상태로부터) 신생독립국(newly independent State), ③ 국가통합(uniting of States), ④ 분리 독립(secession or separation of part or parts of the territory of a Sate), 그리고 ⑤ 국가의 분열(dissolution of a State) 등의 경우[18]에 이러한 국가승계 문제가 발생한다. 이때 국가의 구성원인 개인의 국적도 국가승계와 관련하여 문제가 되는 것이다. 일반적으로는 개인의 국적은 그 국적을 부여하고 있는 국가의 영토주권과 함께 자동적으로 변경된다고 본다. 즉, 일정한 영역에 대한 주권국가의 변경이 생기면 그 영역에 거주하고 있던 선행국(先行國, predecessor State)의 국민들은 일종의 '집단적 귀화(collective naturalization)'가 발생함으로써 자동적으로 승계국(承繼國, successor State)의 국적을 취득하게 된다는 것이다.[19]

16) 대한민국정부(1965), 앞의 책, 25~26쪽.
17) 1978년 '조약에 대한 국가승계에 관한 비엔나 협약' 제2조 제1항 (b); 1983년 '국가재산 · 국가문서 및 국가부채에 대한 국가승계에 관한 비엔나협약' 제2조 제1항 (a) 참조.
18) 위의 협정 참조.
19) 김대순(2011), 『국제법론』, 제16판, 삼영사, 945쪽.

그러나 영토의 전부가 이전되거나 선행국이 소멸되는 경우와는 달리 영토의 일부가 이전되는 경우에는 선행국이 존속하기 때문에 복잡한 문제가 발생할 수 있다. 새로이 영역을 취득한 국가는 스스로 국적법을 통하여 자신에 속하게 되는 '국민'의 자격을 규정하게 되는데, 아울러 영토의 일부를 타국에 할양한 국가도 할양한 지역 내에서 거주하고 있는 자국 국민들이 원래의 국적을 자동적으로 상실하도록 할 것인지, 아니며 그대로 보유할 수 있도록 할 것인지를 국내관할권에 입각하여 결정할 수 있기 때문이다.[20] 그리고 19세기 이래 영토의 일부 이전의 경우 해당 지역의 거주민에 대해서는 종종 신(新)·구(舊) 주권국의 국적 중 '선택권(選擇權)'이 부여되기도 하였으며, 구 국적의 유지를 원하는 주민에 대해서는 일정 기간 내에 출국이 요구되는 예도 많이 있었다.[21]

그러나 실제로는 경우에 따라 국가승계 문제가 발생하는지 여부, 또는 어떠한 유형의 국가승계가 문제되는지가 불분명한 경우에는 일반적인 국가승계 문제와 함께 국적 처리 문제가 큰 혼란에 빠질 수도 있다.[22] 일제의 불법지배가 종료된 후 발생한 문제가 바로 이론상 '국가승계' 여부 자체가 문제되는 경우에 해당한다고 본다. 이러한 문제의 '본질'은 1910년 일본제국이 대한제국을 병합(倂合)한 것이 법적으로 대한제국의 소멸을 의미하느냐 하는 것이다. 이는 일본과 대한제국이 체결했다고 하는 '조약'이 과연 국제법상 합법·유효한 것인지 여부와 직결되고 있다. 일본이 합법적으로 대한제국을 병합하여 그 영역을 일제의 영역으로 편입했거나 아니면, 이른바 대한제국에 속하던 영역을

20) 김대순(2011), 위의 책.
21) 정인섭(2011), 『新 국제법강의 – 이론과 사례』, 개정판, 박영사, 176쪽.
22) 김대순(2011), 앞의 책, 945쪽.

일제의 식민지로 삼아 정당하게 지배해왔다고 보는 경우와,[23] 1910년 조약은 국제법상 무효이므로 일제는 1910년부터 1945년 8월 15일 제2차 세계대전에서 패배할 때까지 대한제(민)국의 주권을 강제로 침탈하여 불법적으로 지배한 것에 불과하다고 보는 경우[24]는 관련 문제의 인식과 그 해결에서 매우

---

23) 나인균 교수는 "대한제국은 1910년 체결된 韓日合邦條約에 의하여 일본의 식민지가 되었고, 이러한 상황은 조약체결 이후부터 일본과 연합국 간에 제2차 세계대전이 발발할 때까지 국제사회에서 별다른 이의 없이 승인되었다. …… 한일합방조약에 의하여 대한제국이 소멸하였다고 본다면 한반도는 1945년까지 일본의 식민지로서 일본영토의 일부를 구성하였다고 할 수 있다. 그러나 위 합방조약이 한국에서 주장하는 바와 같이 강압에 의하여 체결되었으므로 무효라고 본다면 대한제국은 소멸하지 않고 존속한 것으로 간주될 것이다."라고 하면서도 "1910년의 한일합방은 국제법위반이라 하기 어렵다. …… 그러므로 臨政의 지위에서 보더라도 대한제국의 계속성은 인정될 수 없다. …… 대한제국은 국가의 동일성 내지 계속성에 관한 국제법적 원칙과 국가실행에 의하여 형성된 재수립된 국가로서의 요건을 충족시키지 못하였고 따라서 한국은 원상회복하여 재수립된 국가에 속하지 않는다. …… 그러므로 제2차 세계대전 후 한국의 국가수립은 …… 대한제국과 법적 동일성이 없는 일본으로부터 분리의 형태에 의한 국가승계로 간주되어야 할 것이다."라고 한다. 이에 대해서는 나인균(1999), 「대한민국과 대한제국은 법적으로 동일한가?」, 『국제법학회논총』, 제44권 제1호, 127~140쪽.

이와 관련하여 정인섭 교수는 "대한제국이 일제의 식민지로 전락함으로써 모든 조선인은 국제법적으로는 일본인이 되었다. 해외 거주 조선인들도 특별히 일본국적 이탈조치를 취하지 않는 한 일본인으로 처우되었다. 그러나 조선인에게는 일본 국적법이 적용되지 않았으며, 일제는 공통법(共通法)과 조선호적령을 통하여 내부적으로만 일본인(內地人)과 조선인을 구별하였다. 즉 조선호적에 등재된 자는 국내법적으로 조선인으로 처우되었다. 일본 여자가 조선 남자와 혼인하여 조선호적에 편입되면 법적으로는 조선인이 되었고, 혈통상 조선인이 혼인 · 입양 등의 사유로 일본 호적에 편입되면 법적으로 일본인으로 처우되었다. …… 광복 후 일본에 거주하던 조선호적 입적자에는 몇 가지 문제가 발생하였다. 일본 정부는 샌프란시스코 평화조약이 1952년 4월 발효하기 이전까지는 조선호적자도 형식상 일본인의 일부라는 입장을 고수하였다. 식민지배관계의 법적 청산은 평화조약을 통하여 최종적으로 확정된다는 이유였다. 이러한 입장은 1948년 남북한에 정부가 수립된 이후에도 지속되었다."고 설명하고 있다. 정인섭(2011), 앞의 책(주 21), 184~185쪽.

24) 김명기 교수는 "1905년의 '을사보호조약', 1907년의 '정미 7조약', 1910년의 '한일합

중요한 차이를 가져오게 된다.

전자의 입장에서 접근하는 경우에는 앞에서 언급한 국제법상 전형적인 국가승계의 유형 가운데 ④ 또는 ②에 해당하는 경우로 보아 문제 해결에 나설 수 있겠지만, 후자에 해당한다고 보면 일제의 강점기 동안에도 국제법상 대한민국은 대한제국과 '동일성(同一性, identity)'[25]을 보유하는 국가로 계속 존재하고 있었다고 볼 수 있기 때문에, 국가승계 문제 자체가 발생할 수 없다는 결론이 나올 수 있는 것이다. 이와 관련하여 일본은 기본적으로 전자의 입장을 견지하고 있는 반면,[26] 한국은 명백하게 후자의 입장에서 문제 해결에 임하고 있었던 것이다.[27]

일반국제법의 원칙으로 보면, 영토의 일부 이전이나 분리 · 독립과 관련하

방조약' 등 일련의 침략조약에 의해 대한제국은 일본에 병합되었다. 그리고 병합조약은 국가 소멸 원인의 하나이므로 대한제국은 소멸한 것같이 보인다. 그러나 이들 침략조약은 우리나라의 '조약체결권자(treaty-making power)'에 대해 강박을 가해 체결한 것이므로 그 당시의 국제법에 의해서도 무효다."라고 하고, 이어서 "1910년의 병합조약은 무효이므로 일본에 의한 대한제국의 병합은 조약에 의거한 병합이 아니라 법적 근거를 결한 일본의 일방적 행위에 의한 위법한 점령에 불과한 것이다. …… 위법한 점령에 의하여 법적 효과는 귀속되지 않는다. …… 1910년의 병합조약에 의해 대한제국의 법인격이 소멸된 것은 아니다."라고 설명하고 있다. 김명기 교수는 나아가서 설사 대한제국이 일제의 '식민지(colony)'로 지배되었다고 하더라도 일종의 국가로서의 법인격을 보유하고 있었다고 본다. 따라서 "Cairo 선언의 내용을 이행하기로 확약한 Potsdam 선언을 수락한 무조건 항복문서에 일본이 서명하고 同 항복문서에 의거한 연합군최고사령관 훈령에 따라 **대한제국은 일본으로부터 국제법상 '分離'되어 새로운 법인격을 취득한 것이 아니라 사실상 제한되었던 주권을 회복하였을 뿐이다.**"라고 한다. 이에 대해서는 김명기(1988), 「국제법상 일본으로부터 한국의 분리에 관한 연구」, 『국제법학회논총』, 제33권 제1호, 1~27쪽 참조.

25) 국가의 동일성과 계속성(continuity) 문제에 대해서는, 박배근(2006), 「국제법상 국가의 동일성과 계속성」, 『저스티스』, 통권 제90호, 250~274쪽 참조.

26) 大藏省印刷局(1965), 『日韓條約と國內法の解說』(別冊 『時の法令』), 62~63쪽.

27) 高麗大學校 亞細亞問題硏究所 日本硏究室編(1976), 『韓日關係資料集』, 第1輯, 高麗大學校, 252쪽.

여 국가승계가 이루어지는 경우에는 영토주권이 이전되는 지역에 거주하던 주민들이 승계국의 국적을 취득하느냐 하는 문제가 발생하며, 이때 개인의 국적 선택권이 존중되지만 그러한 의사가 표시되지 않는 경우에는 거주지국의 국적이 부여되는 것이 보통이다.[28] 그러나 광복 또는 전후 처리과정에서 한국과 일본 간에는 전형적인 국가승계 유형인, 식민지 상태에서의 독립국가 창설이나 기존의 국가로부터의 분리 · 독립에 따른 국적의 승계문제가 발생하지는 않았다고 할 수 있다.[29] 반면에 패전에 따라 한국에 대한 일제의 불법지배가 종료되는 시점에서 대한제(민)국의 국적 개념이 실효적으로 적용되기 시작했었다는 사실을 특별히 주목할 필요가 있다고 본다. 즉, 종전 후 1952년 평화조약 발효 시까지 일본을 점령 통치했던 연합군총사령부의 방침 하에 일본은 재일한국인들에게 '외국인' 등록을 의무화하고 이들에 대하여 '참정권' 등 일제하에서 재일한국인들에게 적용했던 일본인으로서의 기본권을 부인하기 시작한 것은 바로 이러한 인식에 바탕을 둔 것이었다고 할 수 있다.

28) Draft Articles on Nationality of Natural Persons in relation to the Succession of States, 제20조 및 23~26조 참조.

29) 그러나 이와 관련하여 정인섭 교수는 "일본의 다수설과 판례는 대일평화조약 제2조 a항을 통하여 재일교포의 일본 국적이 상실되었다고 해석하고 있다. …… 그러면 한반도에 대한 일본의 권리, 권원, 청구권의 포기는 곧 재일교포의 일본국적 상실을 의미하는 것인가?"라고 하면서, 이에 대하여 "과거의 조약 선례들을 검토하여 보아도 영토주권 포기조항이 곧 선행국(predecessor state)에 거주하는 할양지 출신자의 국적을 자동적으로 변경시키는 것으로 해석되었던 경우는 찾기 어렵다. 영토주권 이전을 규정하는 경우 할양지 주민의 국적에 대하여는 별도의 규정을 두는 경우가 많았으며, 그 같은 별도 조항이 없는 경우에는 거주지를 기준으로 기존 국적이 유지되는 것으로 해석됨이 통례였다."고 함으로써 한일 간에 일종의 영토 할양이나 분리 · 독립에 준하는 국가승계 문제가 발생하게 된다고 보고, 국적의 승계 문제도 이에 따라야 하기 때문에 "샌프란시스코 조약은 …… 일반국제법 원칙과 선례에 입각하여 보더라도 재일교포의 일본국적 상실 근거로는 해석될 수 없다."고 설명하고 있다. 정인섭(2011), 앞의 책(주 12), 105~108쪽.

아울러 대한민국의 경우에 1948년에 재정된 '국적법'에서 '최초국민 조항'을 규정하지 않고 "출생한 당시 부(父)가 대한민국의 국민인 자"에 대하여 대한민국 국적을 부여하기로 한 것도 일응 이러한 입장에서 비롯된 것이라고 할 수 있다. 다시 말하면, 대한민국 정부 수립 이전부터 정신적으로나 법률적으로 대한민국 국민은 계속 존재해왔다고 보는 것이다.[30] 국가 없는 국민이 존재할 수 없다고 본다면 대한민국 '정부' 수립 이전에도 대한민국은 '국가'로서 여전히 존속해 있었다고 보아야 하는 것이다. 사실 일본의 입장도 1910년의 조약에 따라서 한국을 일본의 영역으로 완전하게 합법 · 유효하게 편입했다는 전제에서 한국을 통치하거나 한국인을 대우해 왔던 것은 아니라고 할 수 있다.[31]

일본은 일제 강점기 동안에 한국을 '내지(內地, 일본 본토)'와는 구별되는 '외지(外地)'로 인식하여 왔으며 내지와는 다른 방식으로 '무단통치(武斷統治)'를 해왔다는 점도 스스로 한국에 대한 지배가 강압과 불법에 의한 것임을 드러낸 결과가 아닌가 한다.[32] 앞에서 언급한 것처럼 겉으로는 대일평화조약 발효 때까지 재일한국인을 일본인으로 취급하겠다고 하면서도 실상은 진작부터 이들을 외국인으로 간주하고 있었던 것도 일본의 패전으로 이미 대한민국이 그 법적 존재를 드러내고 관할권을 회복하기 시작했음을 인정한 결과라고 할 수도 있다.

30) 정인섭(2011), 앞의 책(주 21), 639쪽; 장박진(2009), 앞의 논문, 216~219쪽 참조.

31) "1910년 강제병합으로 재일한국인은 강제적으로 일본 국적을 부여받았으나, 일본 국민과 평등한 권리를 취득한 것은 아니었으며, 호적도 일본 국민을 대상으로 하는 '內地戶籍'과는 다른 '朝鮮戶籍'에 의하여 관리되었다." 裵薰(2007), 「재일코리안의 일본 내에서의 법적 지위」, 『고려법학』, 제48호, 405쪽.

32) 박배근(2006), 앞의 논문, 273쪽 참조.

III. '법적지위협정' 및 '합의각서'의 의의 및 문제점

1. 1965년 '법적지위협정'의 의의 및 문제점

1) '법적지위협정' 체결의 의의

1951년 10월 교섭 개시부터 1965년 6월 한일협정 체결에 이르기까지 14년이라는 세월이 경과된 한일회담의 본래 목적은 한국에 대한 일본의 불법 지배가 남긴 유산을 법적으로 청산하고 양국 간의 정상적인 새로운 정치 · 경제관계를 수립하는 데 있었다.[33] 이 때문에 국교정상화를 위한 조약의 명칭으로 흔히 사용되는 '우호 · 통상조약' 대신에 '기본관계조약'이라는 명칭을 고수하고,[34] 재일한국인의 지위 및 처우 개선에 관한 조약의 경우에도 일본 측은 단지 재일한국인의 '대우(待遇)'라는 표현을 주장하였지만 한국 측은 처음부터 '법적지위'라는 명칭에 집착했던 것이다.[35]

---

33) 유병용(2005), 「한일협정과 한일관계의 개선방향」, 『한일역사공동보고서』, 제6권, 29쪽; 한국은, 특히 "샌프란시스코 회의에 연합국의 일원으로 참여하지 못하여 일본과의 '식민관계'를 법적으로 청산할 기회를 갖지 못하였기" 때문에 한일 간의 회담 및 협정을 통하여 이 문제를 해결할 필요가 있었던 것이다. 정인섭(2011), 앞의 책(주 12), 91쪽.

34) 대한민국정부(1965), 앞의 책, 191쪽.

35) 일본 측은 1956년 초부터 '法的地位'란 용어는 그 개념이 광범위하기 때문에 협정의 표제를 일본국에 재류하는 대한민국 국민의 '待遇'에 관한 협정으로 할 것을 강력히 주장하기 시작하였으나, 한국 측은 교섭의 경위나 협정에 규정되는 내용으로 보아 '법적지위'란 용어는 여하한 경우에도 이를 표제에서 삭제할 수 없다고 교섭의 최종 단계에 이르기까지 주장하여 한국 측 입장을 관철시켜 결국 '법적지위와 대우'에 관한 협정으로 체결하였다. 공보부(1965), 앞의 논문, 162~163쪽.

그러나 한일기본관계조약의 전문(前文)에는 일반적인 양국 간 우호 · 통상조약에서 흔히 볼 수 있는 내용만이 기술되어 있을 뿐, 한국에 대한 침략이나 불법 지배와 관련된 일본의 책임 문제를 비롯한 과거사 청산에 관한 내용이 전혀 포함되지 않았다.[36] 다만, 그 역사적 경위와 관련하여 "1951년 9월 8일 샌프란시스코에서 체결된 일본국과의 평화조약의 관계규정 및 1948년 12월 12일 유엔 총회에서 채택된 결의 제195 (3)호를 상기하여"라고 천명하고,[37] 기본관계조약 제2조와 제3조는 각각 "1910년 8월 22일 및 그 이전에 대한제국과 일본제국 간에 체결된 모든 조약 및 협정이 이미 무효임을 확인한다.",[38] "대한민국 정부가, 국제연합 총회의 제195 (3)호에 명시된 바와 같이, 한반도에 있어서의 유일한 합법정부임을 확인한다."고 규정함으로써 한국 측은 바로 제2조가 일본의 한국 지배 근거가 되었던 1910년 병합조약의 무효를 확인하고 있다고 주장하고 있다. 그러나 일본은 이에 대하여 1910년 및 그 이전에 대한

36) 한상범(2002), 앞의 논문, 91~93쪽.

37) 대일평화조약 제2조 ⓐ는 "일본은 한국의 독립을 승인하고, 제주도 · 거문도 및 울릉도를 포함하는 한국에 대한 모든 權利 · 權原 및 請求權을 포기한다."고 규정하고 있다. 그리고 유엔 총회결의 제195호 (3) ②는 "임시위원단이 감시 및 협의를 할 수 있었고 전 한국 국민의 대다수가 거주하고 있는 한국 지역에 대한 효과적인 통치력과 사법권을 갖고 있는 합법적인 정부(대한민국 정부)가 수립되어 있다는 것; 이 정부가 한국의 이 지역 유권자의 자유의사의 정당한 표현인 동시에 임시위원단이 감시한 선거에 기초를 두고 있다는 것; 그리고 이 정부가 한국에 있어서 유일한 이러한 정부라는 것을 선언한다."고 규정하고 있다. 이어서 ⑧ "회원국에 대하여 한국의 완전한 독립과 통일을 실현함에 있어 국제연합에 의하여 달성된 성과 및 달성하게 될 성과에 유해한 어떠한 행위도 삼갈 것을 요청한다."고 하고 ⑨ "회원국과 기타 국가는 대한민국 정부와의 관계를 수립함에 있어서 본 결의 ②에 명시된 제사항을 고려할 것을 권고한다."고 하고 있다.

38) Article 2 "It is confirmed that all treaties or agreements concluded between the Empire of Korea and the Empire of Japan on or before August 22, 1910 are **already null and void**."

제국과 체결한 조약은 유효하게 체결되었기 때문에 자신의 한국 지배는 합법적이었으나, 제2차 세계대전에서의 패배로 인하여 그 지배가 종식되고 1948년 대한민국 정부가 수립됨으로써 조약이 이미 사실상 실효(失效)되었음이 확인된 것에 불과하다고 강변하고 있으며,[39] 이러한 기본입장은 한일회담 전 과정을 통하여 변함없이 유지되었다.

사실 한국은 한일 양국 간의 조약 명칭을 일본의 주장과는 달리 '우호 · 통상조약'이 아니라 '기본관계조약'으로 할 것을 주장하는 등 처음부터 조약 체결을 통하여 일본의 한국 지배가 불법적인 강압에 의하여 이루어졌음을 확인하고 그에 따르는 책임인정과 배상의무를 규정하는 것을 의도하였으나,[40] 일본의 완강한 반대 및 미국과 일본의 협력관계 구축을 통하여 동북아 자유진영의 결속을 강화하려고 했던 미국의 입장, 그리고 1960년대 들어 협상을 주도한 한국 집권세력의 경제개발 우선 정책 등 대내외적 요인[41]으로 협상의 타결을 서두르면서 당초의 기대와는 다른 방향으로 협상이 진행되기 시작하였다. 민정(民政) 이양 이후 마지막 제7차 한일회담이 열렸으며, 1965년 6월 22일 국교정상화에 합의하고 기본관계조약과 함께 법적지위협정도 동시에 타결되었다. 협정 비준서는 1965년 12월 18일 교환되었으며 1967년 1월 17일자로 발효하였다. 그러나 기본관계조약을 비롯하여 법적지위협정이나 청구권협정 등의 내용은 당초의 의도 및 요구에는 크게 못 미치는 수준이 되고 말았으며, 이

39) 이장희(1998), 「서론: 한일협정의 재검토가 필요하다」, 이장희 편저, 앞의 책, 6~9쪽.

40) 1949년 한일회담이 개시되기 전부터 이승만 정부는 포괄적인 대일배상을 청구할 목적으로 기획처 산하에 '대일배상청구위원회'를 설치하고 비밀리에 대일배상 청구자료를 수집, 정리하는 작업을 진행하였다. 이러한 대일배상청구위원회의 작업 결과로 이루어진 것이 '대일배상요구조서'였다고 한다. 유병용(2005), 앞의 논문, 25~27쪽.

41) 대한민국정부(1965), 앞의 책, 1~9쪽 참조.

에 대하여 많은 비판이 가해졌던 것이 사실이다.[42]

2) '법적지위협정'의 주요내용 및 문제점

법적지위에 관한 문서는 법적지위협정을 기본으로 '대한민국과 일본국 간의 일본국에 거주하는 대한민국 국민의 법적지위와 대우에 관한 협정에 대한 합의의사록'(이하, '법적지위협정 합의의사록' 또는 '합의의사록'), '일본국 법무대신의 일방적 성명' 및 '법무성 입관국장 담화' 등으로 구성되어 있다.

법적지위협정 제1조는 **1945년 8월 15일 이전부터 일본 내에서 계속 거주하던 자**(① ⓐ)와 **그들의 직계비속으로 협정영주권 신청만료일인 1971년 1월 16일 이전에 일본에서 출생하고 계속 일본에 거주하던 자**(① ⓑ), 그리고 **이들의 자녀로서 1항의 협정영주권 신청만료일이 경과한 후에 일본에서 출생한 자**(②)에 대하여 신청이 있는 경우 영주권을 부여하도록 하고 있다.[43] 법적지위협정에 의거하여 부여되는 영주권을 이른바 '협정영주권'이라고 하며, 그 대상으로 이른바, '협정영주 1세'와 '협정영주 2세'를 포함하고 있다. 평화조약 발효와 동시에 일본 국적을 부인당하고 법126호에 따라서 '당분간' 일본에 거주

42) 유병용(2005), 앞의 논문, 19~28쪽 참조.

43) 위 영주권의 범위 중 ① ⓐ 및 ① ⓑ에 해당하는 자는 협정 발효 후 5년 이내에 ① ⓐ 및 ① ⓑ의 자녀인 ② 해당자와 ① ⓑ 해당자로서 협정 발효 후 4년 10개월이 경과한 후에 출생한 자는 출생일로부터 60일 이내에 각각 신청하도록 되어 있으며(법적지위협정 제1조), 영주신청 시에 제출 또는 제시하는 서류는 (1) 영주허가신청서, (2) 국적증명서, (3) 사진, (4) 가족관계와 일본국에서의 거주경력에 관한 진술서, (5) 외국인등록증명서 등이다(합의의사록 및 토의기록). 이 중 이중국적증명서에 관하여 대한민국 여권 또는 재외국민 등록증을 제시할 수 있는 신청자는 대한민국의 국적을 가지고 있다는 뜻의 진술서를 우선 신청 시에 제출하고 일본 정부 당국의 조회에 관한 한국 정부의 확인으로서 족하도록 절차를 간편화하여 재일한국인 중 이른바 조총련계에 속하는 자에 대하여도 널리 포용의 길을 마련하고 있다고 한다. 공보부(1965), 앞의 논문, 163~164쪽.

할 권리만을 인정받았던 재일교포는 법적지위협정을 통하여 비로소 일본에 '계속' 살 수 있는 권리를 인정받은 셈이었다. 이러한 협정영주권은 1952년 평화조약 발효 이후 최장 3년 이내마다 재류기간 갱신허가를 얻어야 했던 법 126호 해당자 직계비속의 일본 재류권을 보다 안정화시켜 주었다고 평가할 수도 있으나, 법적지위협정에 따라 모든 재일교포들이 영주권을 신청했던 것은 아니며 실제 신청과정에서 "8·15 이후 계속 거주 요건"이 부각됨으로써 전후 혼란기에 일시 귀국했다가 재입국한 자와 전후에 일본에 입국한 자들은 8·15 이후 계속 일본에 거주하였어도 협정영주권을 부여받기가 곤란하였다.[44)]

재일한국인의 법적지위 문제와 관련하여 일본은 제2차 및 제3차 회담에서부터 그 토의 주제를 재일한국인 퇴거강제 문제에 치중하기 시작하였다. 일본은 외국인에 대한 강제송환권이 주권국가의 자주적 권한임을 내세워 '출입국관리령'에 의하여 퇴거강제 처분을 받은 재일한국인의 인수를 요구하고 재일한국인에 대한 출입국관리령의 적용을 기정사실화하려고 기도하였다. 제4차 회담에서 일본은 한국과 일본이 상호 독립국가로서 국내문제 불간섭과 타국에 대한 주권존중의 원칙이 교섭의 전제가 되어야 한다고 주장하고 재일한국인에 대한 자국의 관할권을 강조하였다. 이에 대하여 한국은 재일한국인에 대해서는 그 체류 및 처우와 관련하여 일본 국내법과는 관계없이 그 지위의 특수성에 상응한 대우가 부여되어야 함을 강조하고, 퇴거강제 사유에 관하여도 '출입국관리령'과는 별도로 양국의 협의가 필요함을 주장하였다.

일본은 영주권 부여 범위가 확대되면 퇴거강제 사유도 이에 따라 확대되어야 한다는 입장을 취하였으나 한국 측은 재일한국인 법적지위 보장을 위하여

44) 정인섭(2011), 앞의 책(주 12), 50~52쪽 참조.

부득이한 최소한의 사유에 한하여 강제퇴거가 가능하도록 해야 한다고 주장하였다. 그 결과 법적지위협정 제3조는 퇴거강제 사유 가운데 극빈자 관련 사유를 제외하고 나머지 4개 사유만을 규정하였다. 협정영주권자의 퇴거강제 요건을 일반외국인에 비하여 엄격하게 규정한 것은 표면상 이들의 거주권을 강화한 것처럼 보일 수 있으나, 실상은 그와 다르다는 비판이 제기되었다. 즉, 과거 한일 간 미수교 상태에서는 사실상 재일교포에 대한 강제퇴거가 시행되지 못하고 있었던 데 반하여 법적지위협정에 퇴거강제 사유를 명시함으로써 오히려 퇴거강제를 공식화(허용)하는 결과가 되었다는 것이다.[45]

법적지위협정 제4조 a호는 재일한국인의 일본 내 처우와 관련하여 일본은 협정영주권자의 교육, 생활보호 및 국민건강보험에 관하여 "타당한 고려"를 행한다고 규정하고 있다. 이 경우 "타당한 고려"란, "일본의 공립소학교 또는 중학교에 입학을 희망하는 경우에는 그 입학이 인정될 수 있는 필요한 조치를 취하고 또는 일본의 중학교를 졸업한 경우에는 일본의 상급학교에 입학자격을 인정한다."는 것이다.[46] 그러나 이는 새로운 보장이라기보다는 종전부터 관례적으로 인정되어 오던 사실을 확인한 것에 불과하였으며, (민단계) 민족학교의 경우는 계속하여 정규학교가 아닌 각종 학교로만 규정되고 있어서 그 졸업생의 상급학교 진학이 불가능할 뿐만 아니라 교포 자녀들에게는 취학연령(就學年齡)이 되어도 취학통지서조차도 발부되지 않는 현실이 더욱 큰 문제였던 것이다.[47]

---

45) 그 이전에는 비록 퇴거강제 대상자로 판명된 경우에도 일본 당국은 법126호에 따른 재류자격만을 취소시키고, 새로이 특별재류를 허가하여 결국 일본에 거주함을 인정하였기 때문에, 결과적으로 법적지위협정은 퇴거강제 사유의 축소가 아니라 그 공식화라고 할 수 있다는 것이다. 정인섭(2011), 앞의 책(주 12), 55쪽.

46) 합의의사록, 제4조에 관하여 ①.

47) 유철종(1976), 앞의 논문, 254쪽.

법적지위협정 전문은 "다년간 일본에 거주하고 있는 대한민국 국민이 일본국 사회와 특별한 관계를 가지게 되었음을 고려하고, 이들 대한민국 국민이 일본국 사회질서하에서 안정된 생활을 영위할 수 있게 하는 것이 양국 및 양국 국민 간의 우호관계 증진에 기여함을 인정하여" 법적지위협정의 내용에 합의하였다고 밝히고 있을 만큼, 생활보호에 관한 타당한 고려는 재일한국인의 법적지위 및 생활안정에 매우 중요한 의미를 가진다고 할 수 있다. 그러나 "타당한 고려"와 관련하여 "일본국 정부는 협정 제1조의 규정에 의거하여 일본국에서의 영주가 허가되어 있는 대한민국 국민에 대한 생활보호에 대하여는 당분간 종전과 같이 한다."[48] 고 규정하고 있을 뿐, 큰 실익은 없는 것이었다. 특히 법적지위협정 제5조는 동 협정에 특별히 정하는 경우를 제외하고는 협정영주권자도 여타 일반외국인과 동등한 대우를 받는다고 규정하고 있으므로 일본 내국인에 대한 사회보장제도가 재일한국인들에게 적용되는 데는 한계가 있었던 것이 사실이다.

법적지위 협상과정에서 일본 측은 재일한국인에게 일반외국인과 다른 특별한 지위를 부여하는 데 난색을 표명하였다. 일본은 재일한국인에 대하여도 일반외국인과 동일한 대우를 부여하되, 다만 향후 체결될 통상항해조약에 따라서 '최혜국대우(最惠國待遇, MFNT)'를 부여할 용의가 있음을 표명하였다. 이에 대하여 한국 측은 재일한국인은 여타 외국인과는 달리 특수한 지위를 점하는 외국인임을 지적하고 일정한 권리(참정권, 공무담임권 등)를 제외하고는 일본 국민과 동등한 대우가 부여되어야 하며, 일반외국인에게 금지되어 있는 것일지라도 재일한국인이 이전부터 실제로 향유해 온 권리는 계속 보장되어야 한다고 주장하였다. 그러나 법적지위협정 제5조는 법령에 특별히 규정된 경우를 제

48) 합의의사록, 제4조에 관하여 ②.

외하고는 협정영주권자에 대하여도 "모든 외국인에게 적용되는 일본국의 법령의 적용을 받는 것이 확인된다."고 규정하고 있다. 이 조항은 특수한 배경으로 인하여 일반외국인과는 다른 성격을 가지고 있는 재일교포의 법적지위를 원칙적으로 일반외국인과 같은 위치로 격하시키는 의미를 지니고 있는 것이었다.

광복 후 20년 동안 불안정한 지위에 놓여 있던 재일한국인들은 그 법적지위 및 대우에 관한 협정이 발효됨으로써 일본 내에서 일반외국인들과는 다른 '법적지위'를 향유하게 된 것은 사실이다. 그러나 이는 당초 한국에 대한 일본의 불법지배 책임의 인정에 바탕을 둔 광범위한 수준에서 '특수한 지위'를 요구했던 것에 비하면 크게 미흡한 것이었다. 한국 측은 당초 재일한국인에 대하여 사실상 일본 국민에 준하는 법적지위와 대우를 요구했었지만, 일본 측은 재일한국인도 기본적으로는 일반 '외국인'의 범주에 속한다고 보는 자신의 입장을 고수하면서 재일한국인에 대한 특별한 지위 인정을 최소한의 범주로 제한하고자 하였던 것이다. 이 때문에 법적지위협정이 체결된 직후부터 협정영주권 허가범위 확대와 퇴거강제 사유의 축소를 비롯하여 교육, 생활보호 및 건강보험 적용 등 일본 내 처우 문제를 개선하기 위한 협정의 개정 필요성이 제기되기 시작하였다. 국내와 함께 재일한국인 사회는 이 밖에도 사기업 취직, 교원 등 공무원 채용, 변호사 등 전문직 진출, 나아가서 참정권 문제에 이르기까지 폭넓게 이루어지고 있는 차별대우를 개선하기 위한 법 · 제도의 마련과 함께 보다 본질적으로 재일한국인에 대한 일본인들의 끊임없는 차별 의식을 해소하기 위한 노력이 다각도로 경주되어 왔다. 그 결과 앞에서 언급한 바와 같이 1991년 1월 한일 양국 간에 합의각서(合意覺書)가 채택되었으며, 현재 재일한국인의 법적지위는 1965년 법적지위협정을 대체한 합의각서에 따라서 규율되고 있는 것이다.

2. 1991년 '합의각서'의 의의 및 문제점[49]

1) '합의각서' 체결의 의의

1991년 '합의각서'는 '법적지위협정'과 같이 법적구속력을 갖는 조약이 아니라 전형적인 '신사협정(紳士協定, gentle's agreement)'으로서의 성격을 가진 것이었다.[50] 그러나 이 합의각서는 1965년 법적지위협정을 전면 개정하는 효과를 지니고 있다. 일본은 이 합의각서 채택 후 바로 그 이행을 위한 후속조치에 착수하였다. 법률 사항의 이행을 위하여 '출입국관리특례법(出入國管理特例法)'과 '외국인등록법(外國人登錄法)'을 제정 · 개정하는 한편, 여타 부분에 대하여는 그 이행과 관련하여 일선 행정기관에 행정지도를 하였다.

2) '합의각서'의 주요내용 및 문제점

'합의각서'의 실천과 관련하여 일본 의회는 '출입국관리특례법'[51]을 제정하였다. 이 법을 통하여 대일평화조약의 발효 이래 복잡하게 구분되던 과거 일제의 불법지배 하에 놓여 있던 국가의 출생자 및 그 후손들에 대한 법적지위가 일원화되었다.[52] 이에 따라 과거 법적지위협정에 따른 이른바 '협정영주권(協定永住權)' 제도가 없어지고 재일한국인의 법적지위가 일원화되었다. 즉,

---

49) 保坂祐二(2000), 앞의 논문, 6~7쪽; 이장희 편저(1998), 앞의 책, 102~111쪽; 정인섭(2011), 앞의 책(주 12), 68~87쪽 참조.

50) 정인섭(2011), 앞의 책(주 12), 76쪽.

51) 정식 명칭은 '日本國과의 平和條約에 기하여 日本國籍을 離脫한 者 등의 出入國管理에 관한 特例法'이다.

52) 이 법은 1991년 합의각서의 실천을 위하여 제정된 것이었으나, 그 적용 대상은 과거 법적지위협정상 '협정영주권자' 등에 한정되지 않고 조총련계와 재일대만인 등 역사적으로 동일한 일본 정착 경위를 갖는 모든 사람들에게 적용되었다.

종전 이전부터 일본에 거주하다가 평화조약 발효와 동시에 일본 국적을 상실한 구식민지 출신자 및 그들의 일본 출생 자손으로 이 법의 시행 시에도 계속 일본에 거주하던 자에게는 일률적으로 '특별영주권'이 부여된 것이다(제3조).

그리고 '특별영주권'을 부여받은 자에 대한 강제퇴거 사유를 ① 일본 '형법' 제2편 제2장(내란에 관한 죄), 제3장(외환에 관한 죄)의 죄를 범하고 금고 이상의 형에 처하여진 자(단, 내란죄로 집행유예를 받거나, 부화뇌동자 등 단순폭동관여자는 제외), ② 일본 '형법' 제2편 제4장 국교에 관한 죄에 의하여 금고 이상의 형을 받은 자, ③ 외국의 원수(元首), 외교사절(外交使節) 또는 공관(公館)에 대한 범죄행위에 의하여 금고 이상의 형에 처하여진 자로서 법무장관이 그의 범죄행위로 인하여 일본의 외교상 중대한 이익이 침해되었음을 인정한 자(특히 이 경우는 법무장관이 외무장관과 협의를 한다), ④ 무기 또는 7년 이상의 징역이나 금고에 처하여진 자로서 법무장관이 그의 범죄행위가 일본의 중대한 이익을 침해하였다고 인정한 자로 한정하였다(제9조).[53]

재입국과 관련하여, 일본에 거주하는 일반외국인이 다시 귀환할 목적으로 일시 출국을 하는 경우 1년 이내의 기간으로 재입국 허가를 받을 수 있고, 이는 다시 1년 이내(총 2년 이내)까지 연장할 수 있도록 규정하고 있음에도(제26조), '특별영주권자'는 일반외국인과 달리 원래의 재입국 허가 기간을 추가로 4년까지 연장할 수 있도록 하였다. 따라서 일본을 출국한 특별영주권자는 총 5년간 계속하여 외국에 체류할 수 있게 된 셈이었다. 또한 재입국 허가를 받아 출국한 특별영주권자가 일본으로 귀환하는 경우의 '상륙심사'는 일반외국인과는 달리 여권(旅券)의 유효성 여부만을 심사하도록 하고, '출입국관리법'상 여

53) 그러나 協定永住權者는 법적지위협정에 의하여 기왕에도 일반 출입국관리법상의 퇴거강제사유는 적용되지 않았으므로, 합의각서가 체결되었어도 과거에 비해 특별히 그 법적지위가 강화되었다고는 할 수 없다고 본다. 정인섭(2011), 앞의 책(주 12), 79쪽.

타의 상륙거부 사유의 해당 여부는 심사하지 못하도록 규정하였다.[54)]

'합의각서'의 실천을 위한 '외국인등록법' 개정 법률은 1992년 6월 1일에 공포되고, 1993년 1월 8일부터 시행되었다. 신법(新法)에 따라서 '특별영주권자'에 대하여는 지문날인이 폐지되었고 대신 본인 확인을 위한 제도로서 '서명 및 가족등록제'가 신설되었다. 즉, 외국인등록 시 본인에 관한 각종 인적사항 외에 세대주, 배우자, 부모의 인적사항 및 외국인 세대주인 경우 그 세대 구성원의 인적사항을 본인의 '외국인등록원표'에 동시에 기재하도록 하였다. 이로써 재일한국인에 대한 지문날인 제도는 폐지되었으나, '외국인등록법' 분야에서의 또 다른 개정요구 사항이었던 '외국인등록증' 상시휴대(常時携帶) 의무는 계속되었다. 일본 정부가 재일한국인의 입장을 배려하여 '80년대 후반부터 '상시휴대' 개념을 대폭 완화시켜 적용하고 있는데도 '외국인등록증휴대의무' 자체가 폐지된 것은 아니라는 점이 문제다.[55)]

1965년 법적지위협정 체결 이후에도 '문부성 사무차관 통달(通達)'[56)]을 통하여 재일한국인학교나 특별학급의 설치를 금지하고 교과과정에서 재일한국인에 대한 특별편성을 억제하는 정책이 계속되어 왔으나, 1991년 '합의각서'에서는 일본 정부가 재일한국인에 대한 민족교육의 실시와 재일한국인 자녀에 대한 '취학안내서(就學案內書)'의 발송을 지도하기로 약속한 바 있다.[57)]

'합의각서'에 따라 일본 정부는 공립학교 교원 채용의 문호를 재일한국인에게도 개방하기로 약속하였다. 그러나 이에는 "공무원 임용에 관한 '국적에

54) 정인섭(2011), 앞의 책(주 12), 80쪽.

55) 정인섭(2011), 위의 책, 80~81쪽 참조.

56) 정식 명칭은 '日本國에 거주하는 大韓民國國民의 法的地位 및 待遇에 관한 日本國과 大韓民國間의 協定에 있어서 敎育關係事項의 實施에 관하여'[1965년 12월 18일자 문부성 사무차관 通達(文初財 第464號)]이다.

57) 정인섭(2011), 앞의 책(주 12), 81~83쪽 참조.

따른 합리적 차이'에 입각한 일본국 정부의 법적 견해를 전제"로 한다는 조건이 첨부되어 있었다. 일본 문부성은 일단 '합의각서'에 따라 관련 통지(通知)[58]를 발하였다. 이에 따르면 각급학교의 교원 임용 선발시험에서 재일한국인 등 외국인의 응시를 인정하고, 합격된 자에 대하여는 임용기간의 제한이 없는 '상근강사(常勤講師)'로 임명할 수 있게 되었다. 그러나 문제는 문부성이 외국인 교사의 자격을 정규교사가 아닌 '상근강사'로 제한함으로써 장기간 근속하더라도 '관리직'에 임용될 수 없는 한계를 가지고 있다는 점이다. 관리직은 공권력을 행사하는 직이므로 공무원에 관한 법리상 외국인은 불가하다는 것이 일본 정부의 입장이다. 문부성은 "공무원 임용에 관한 '국적에 따른 합리적 차이'에 입각한 일본국 정부의 법적 견해를 전제"로 한다는 합의각서에 따라 이러한 제한이 정당하다고 주장하고 있는 것이다.

이러한 문제는 일본 지자체의 공무원 채용에서도 나타나고 있다. 즉, '합의각서'는 "공무원 임용에 관한 '국적에 따른 합리적 차이'에 입각한 '일본국 정부의 법적 견해'를 전제로 하면서, 채용 기회의 확대를 도모하도록 지방공공단체를 지도해 나간다."고 규정하고 있다는 점을 들어 일본 정부는 "국적에 따른 합리적 차이에 입각한 '일본국 정부의 법적 견해'를 전제로 공무원을 채용할 수 있다는 입장이다. 이에 따라 의사, 의료기사, 영양사, 보모 등과 같은 전문직의 경우를 제외하고 일반직의 경우, 사법부와 지자체의 경우 다소간 탄력적인 적용이 이루어지고 있는데도[59]·[60] 일반적으로는 여전히 그 문호가 제

58) 정식 명칭은 '在日韓國人 등 日本國籍 없는 자의 公立學校 敎員으로의 任用에 관하여' [1991년 3월 22일 通知(文敎地 第80號)]이다.

59) 1999년 2월 현재 大阪, 橫兵, 神戸 등 政令市와 神奈川縣, 高知縣, 沖繩縣 등이 지방공무원의 채용과 관련하여 國籍條項을 모든 직종에서 철폐한 상태다. 保坂祐二(2000), 앞의 논문, 10쪽.

60) 1994년 3월 東京都에서 보건부로 근무하던 鄭香均이 관리직으로의 승진을 시도하였

한되고 있다는 점이 문제다.[61)]

재일한국인은 그 역사적 특수성에 따라서 일본 내 일반외국인에 비해서는 다소 안정된 법적지위를 부여받고 있는 것은 사실이지만 일본 국민에 비해서는 여전히 열악한 법적지위에 머무르면서 사법상 · 공법상 차별 대우를 받고 있는 실정이다. 특히 공법상 지위와 관련하여 일본 정부의 '참정권' 문제에 대한 법제도적인 개선 노력이 크게 미흡한 것으로 지적되고 있다. 합의각서에서도 단지 "지방자치제 선거권에 대하여는 대한민국 정부의 요망이 표명되었다."는 수준에서 언급되고 있다. 재일한국인들은 '재일한국인 문제'에 대한 일본의 역사적 책임과 국제인권법적 근거를 원용하면서 일본 정부로 하여금 최소한 지방참정권을 부여해 주도록 투쟁을 전개해 나가고 있지만, 참정권 문제에 대해 학계나 일본 정부는 여전히 부정적인 입장을 견지하고 있으며, 아직 뚜렷한 성과가 나타나지 않고 있는 상황이다.[62)]

3. 재일교포 법적지위의 개선 과제

일본 정부는 외국인(재일한국인)에 대해서 사회보장제도와 사법상의 권리는 어느 정도 인정하는 정책을 펴고 있는 반면, 공법상 권리와 관련해서는 '외국인등록법'을 위반하면 퇴거를 강제할 수 있도록 함으로써 국내 체류를 제한하

다가 거부당한 데 대하여 受驗資格確認과 慰藉料請求訴訟을 제기한 바 있다. 鄭香均은 1심에서는 패소하였으나, 2심인 東京高裁에서는 수험거부에 대한 慰藉料請求權을 인정받은 바 있다. 《統一日報》 1997년 11월 27일자 참조.

61) 정인섭(2011), 앞의 책(주 12), 85~86쪽 참조.

62) 정인섭(2011), 위의 책, 397~428쪽; 조상균, 앞의 논문, 371~391쪽; 保坂祐二(2000), 앞의 논문, 6~7쪽; 김부찬(2002), 「재일한국인의 법적지위 – 지방참정권을 중심으로」, 『地方自治法硏究』, 제2권 제2호, 120~125쪽.

고 있으며 참정권과 교육 · 노동에 대한 권리도 제대로 보장하지 않고 있다. 따라서 다음과 같은 몇 가지 점에 중점을 두고 재일한국인의 법적지위 개선을 위하여 노력할 필요가 있다고 본다.[63]

첫째, 일본 정부에서는 법 · 제도의 유연한 운영을 통하여 차별대우를 완화한다고 밝히고 있지만, 재일한국인의 보다 안정적인 법적지위 확보를 위하여 '외국인등록증 상시휴대 의무'와 '재입국허가제도'가 폐지되도록 노력할 필요가 있다. 둘째, 민족학교 및 민족학급의 설치와 민족교육에 대한 각 지역 교육위원회와 정부 차원의 지원이 보다 많이 이루어질 수 있도록 제도화하고 공립학교 교사와 지방공무원의 채용 시 적용되고 있는 '국적에 따른 합리적 차이'와 '일본국 정부의 법적 견해'가 새로운 차별의 근거로 원용되지 않도록 해야 할 필요가 있다. 이를 통하여 공립학교 교원 채용 시 재일한국인이 상근강사가 아닌 정규교사로 채용될 수 있도록 해야 하며, 지방공무원으로 채용되는 재일한국인들이 전문직만이 아니라 일반사무직으로 진출할 수 있는 기회가 보장되고 또 계속 확대될 수 있도록 해야만 한다. 셋째, 전후처리 및 사회보장과 관련하여 원호관계법 상의 국적조항을 철폐하고 '국민연금법'상 적용대상에서 제외되어 있는 무연금장애자(無年金障碍者) 및 고령자에 대하여 일본인과 동등한 대우가 이루어질 수 있도록 해야 할 필요가 있다. 그리고 넷째, 지방참정권의 제도적 보장을 통하여 재일한국인들이 일본 사회의 능동적인 구성원으로서 법적지위를 확보할 수 있도록 해야만 할 것이다. 다섯째, 재일한국인의 법적지위 및 처우 개선 문제의 해결과 관련하여 재일한국인 문제의 역사적 특수성이라는 관점을 초월하여 이제는 (정주)외국인에 대한 보편적 인권의 보장이라는 미래지향적 관점에서 접근할 필요가 있다고 본다.

63) 김부찬(2002), 위의 논문, 124~125쪽.

오늘날 모든 국가들은 외국인의 출입국과 관련하여 재량권을 향유하지만 일단 자신의 영역 내에서 재류를 허용하고 있는 외국인들에게는 일정한 대우와 보호를 부여하여야 할 국제법상 의무를 진다.[64] 각국은 '국제표준주의(international minimum standard)' 또는 '국내표준주의(standard of national treatment)' 등의 원칙에 따라 국내 재류 외국인에 대한 대우 및 그 권리 · 의무의 기준을 설정하고 있다.[65] 특히 국제인권법의 발달에 따라 각국은 그 관할 하에 있는 모든 개인들(외국인 등의 모든 소수자 포함)에 대하여 차별 없이 일정한 수준의 권리를 보장하도록 요구하고 있다.[66] 그러나 참정권과 관련해서는 '세계인권선언(世界人權宣言)' 제2조[67]가 허용되지 않는 차별의 기초로서 인종, 피부색, 성(性), 언어, 종교, 정치적 견해, 민족적 · 사회적 출신, 재산, 출생신분 등을 열거하면서도 '국적(nationality)'을 제외하고 있다는 점을 들어 '국적'을 근거로 내 · 외국인을 차별하는 것은 가능하다거나,[68] 인권(人權)의 주체를 '모든 사람(everyone)'으로 규정하고 있는 인권 관련 조약도 참정권에 한해서는 그 주체로 '시민(citizen)'을 명시하고 있다는 점을 들어[69] 인권적 차원에서도 외국인에 대해서

64) Peter Malanczuk(1997), *Akehurst's Modern Introduction to International Law*, 7th ed., London and New York: Routledge, p. 256.

65) Ian Brownlie(1999), *Principles of Public International Law*, 5th ed., Oxford: Oxford University Press, pp. 524~530.

66) 김부찬(2007), 「재일한국인의 지방참정권 문제에 관한 고찰」, 『법과 정책』, 제13집 제1호, 8쪽.

67) *Article 2*: "Everyone is entitled to all the rights and freedoms set forth in this Declaration, without distinction of any kind, such as race, colour, sex, language, religion, political or other opinion, national or social origin, property, birth or other status. ……"

68) Richard B. Lillich(1984), *The Human Rights of Aliens in Contemporary International Law*, Manchester: Manchester University Press, p. 45.

69) International Covenant on Civil and Political Rights, *Article 25*: "Every

는 참정권이 보장되지 않는다고 해석해왔던 것이 사실이다.

그러나 허용되지 않는 차별의 기초로 '국적'이 열거되지 않는다고 해서 '국적'을 이유로 하는 차별대우가 적극적으로 허용되고 있다고 볼 수는 없으며, 조약의 조문이 어떤 권리가 오로지 '국민'이나 '시민'에 한하여 인정된다고 적극적으로 규정하고 있는 경우를 제외하고는 그러한 권리가 '외국인'에게도 적용될 수 있다고 보아야 한다. 참정권의 경우 '세계인권선언'은 국제인권규약과는 달리 '모든 사람'이 "그 국가 내에서(in his country)" 정치적 권리를 향유하는 것으로 규정하고 있는데,[70] 이 경우 '국가'를 반드시 '국적국(national State)'으로 보아야 할 이유는 없는 것이다.[71] "그 국가 내에서"라는 구절의 해석과 관련하여 '국적'을 기준으로 삼지 않고 가족관계, 거주의 지속성, 경제활동 등을 기준으로 보다 "실질적인 진정연결관계(substantial real connections)를 가지고 있는 국가 내에서" 거주하고 있는 개인에 대해서도 부여된다고 하는 것이다.[72] 이러한 관점에서 오늘날 전통적 의미의 '국적' 개념은 '국민' 외에 널리

---

citizen shall have the right and the opportunity, without any of the distinctions mentioned in article 2 and without unreasonable restrictions: (a) To take part in the conduct of public affairs, directly or through freely chosen representatives; (b) To vote and to be elected at genuine periodic elections which shall be by universal and equal suffrage and shall be held by secret ballot, guaranteeing the free expression of the will of the electors; (c) To have access, on general terms of equality, to public service **in his country**."

70) *Article 21 (1)*: "**Everyone** has the right to take part in the government of **his country**, directly or through freely chosen representatives."

71) 이호용 엮음(2000), 『정주외국인에 대한 선거권 부여법제』, 법무부 법무심의관실, 16쪽 참조.

72) Richard B. Lillich(1984), *op. cit.* 전통적으로 '국적국'만이 행사할 수 있는 것으로 간주되고 있는 '外交的保護權(right of diplomatic protection)'의 경우에 최근에는 국가와 피해자의 연결요소로 단순한 '국적'이 아닌 '定住(habitual residence)'의 요소를 고려해야 한다는 주장이 유력하게 제기되고 있다. 이는 오늘날 많은 사람들이

외국인을 포함한 주민들에 대하여 적용할 수 있는 '시민권(citizenship)'의 개념으로 확대 · 발전하고 있다고 할 수 있을 것이다.[73)]

IV. 맺음말

오늘날 모든 국가는 민주적 공동체를 표방하고 있다. 민주적 공동체는 모든 공동체 구성원들이 그 법적지위에 근거하여 기본적 권리를 향유하며 공동체의 의사결정과 정책과정에 평등하게 참여할 수 있도록 보장받는 것을 전제로 하고 있다.[74)] 이와 관련하여 국제인권법은 어떠한 국가사회에서나 그 안에 거주하고 있는 모든 구성원들의 기본적 인권이 가능한 한 모든 수준에서 평등하게 보장되도록 요청하고 있다.

자신의 '국적국'이 아닌 해외에 거주하고 있으며 이 경우 그 '체류국(host State)'과의 사이에 '국적' 이상의 '실효적 연결(effective connection)'이 성립될 수 있다고 본다. '거주(residence)'는 따라서 단지 '부가적인 요소(accessory factor)'가 아니라 '실제적인 연결요소(actual linking factor)'로 간주되어야 한다는 것이다. 이에 대해서는 김부찬(2001), 『외교적보호에 관한 연구』(외교통상부연구용역보고서), 42~43쪽 참조.

73) 이윤환(2001), 「헌법상 정주외국인의 지방참정권」, 『국제인권법』, 제4호, 75~76쪽; 大沼保昭(1986), 「日本에 있어서 '外國人의 人權'論 再構成試圖」, 『韓國國際法學의 諸問題』(箕堂李漢基博士古稀紀念), 417쪽; Sushi Kondo(ed.)(2001), *Citizenship In A Global World – comparing citizenship rights for aliens*, Palgrave 참조.

74) '민주적 공동체'에서 다수결의 방식에 의한 의결 및 그 의결에 따른 요구가 정당화되려면 최소한 공동체 구성원들이 모두 차별 없이 그 정치적 의사결정 과정에 참여할 수 있도록 보장되는 것이 필요하다. 이는, '민주적 다수(democratic majority)'가 스스로 '정당한 다수(legitimate majority)'이기를 포기하지 않는 한 소수자로부터 정치적 자유 및 권리를 박탈할 수 없다는 것을 의미한다. 김부찬(2007), 앞의 논문(주 3), 5쪽 참조.

일본 정부의 재일한국인 정책은 외형적으로는 '동화정책(assimilation policy)'이라고 할 수 있다.[75] 그러나 동화되지 않으면 차별하겠다고 하는 것은 재일한국인(외국인)에 대한 인권존중 정책이 아니라 사실상 차별 또는 '억압정책(oppression policy)'에 불과한 것이다.[76] 일본은 일제강점기 동안에는 한국인에게 일본 국적을 강제로 적용했으며, 불법지배가 종료된 후에는 자신의 책임으로 일본 내에 거주하게 되었던 재일한국인들에게 아무런 책임 이행도 없이 일방적으로 그 국적의 적용을 배제하면서 재일한국인에 대한 차별대우를 정당화하려고 하였다.

1965년 한일 양국 간에 기본관계조약과 아울러 재일한국인의 법적지위 및 처우에 관한 협정이 체결되고 이후 1991년에 그 문제점을 보완하기 위한 합의각서가 교환되었지만, 지금도 여전히 일본 정부는 재일한국인에 대하여 법적지위나 처우 면에서 차별대우를 받기 싫으면 한국으로 귀국하든지 아니면 일본으로 귀화(歸化)하든지 어느 하나를 선택하도록 사실상 강요하고 있는 실정이다.[77] 특히 최근 들어 일본 정부는 국적법을 개정하여 일본 국적의 취득을 용이하게 하고 귀화요건을 완화함으로써[78] 많은 재일한국인들이 일본 사

75) 金敬得(1997), 「국적법개정과 재일한국인」, 『서울국제법연구』, 제4권 제2호, 57쪽.

76) FUKUOKA, Yasunori, "Koreans in Japan: Past and Present," *Saitama University Review*, Vol. 31, No. 1(http://www.han.org/a/fukuoka96a.html).

77) "일본사회에서 차별을 피하기 위하여 귀화하여 일본 국적을 취득한 코리안이 이십 수만 명 거주하고 있다. 귀화의 목적이 차별회피인 이상 일본식 이름을 사용하고 있는 자가 대부분이다. …… 이러한 재일코리안 내지 그 자손은 상당한 숫자에 달할 것이지만 현실사회에는 드러나지 않는다. 그러나 그것은 코리안으로서의 존재가 발각되어 차별 받게 되는 것을 염려하여 숨을 죽이고 있는 것이지 결코 문제가 해소되었기 때문은 아니다." 배훈(2007), 앞의 논문, 417~418쪽.

78) 「國籍法」 제6조에 의하면 2. 일본에서 태어난 자이고, 계속 3년 이상 일본에 주소 혹은 거주지를 보유하고 있고, 또는 그 부친 혹은 모친(양부모를 제외한다)이 일본에서 태어난 자. 3. 계속하여 10년 이상 일본에 거주지를 보유하고 있는 자에 대하여 귀화

회에 쉽게 동화되도록 하고 있다. 이는 재일한국인 사회의 규모를 급격히 축소시키는 결과를 초래하고 있으며, 한국의 대표적인 해외교포 집단인 재일한국인의 정체성 및 교포사회의 유지에 근본적인 위협 요인으로 작용하고 있는 것이 사실이다.[79)]

그러나 일본 사회의 대표적인 소수자 집단인 재일한국인들은 국제인권법에 따라 일본 사회에 동화되지 않고 자신의 문화 및 정체성을 유지해나갈 수 있는 권리를 가지고 있으며 다수자(majority)에 대하여 평등한 대우 및 관용을 요구할 수도 있다.[80)] 이러한 '소수자의 권리'가 보장되고 있는데도 기본적으로 '배제와 억압정책'을 바탕으로 소수자 집단인 재일한국인에 대하여 시행되어 온 일본의 소수자 정책은 많은 비판에 직면하고 있다. 특히 역사적 특수성을 가지고 있는 정주외국인으로서 재일한국인들이 각 지방의 '주민'인 동시에 '인간'으로서의 지위를 갖고 있음을 기초로 일본 사회에서 영주권을 보장받고 안정된 생활을 영위할 수 있도록 해 주는 것이 국제사회의 리더임을 자임하고 있는 일본의 역사적 책무이자 국제인권법의 요청이라고 본다. 이와 같이 '재일한국인 문제'의 해결은 보편적인 국제인권법상 요청인 동시에 그 역사적 책

를 허가할 수 있도록 되어 있다. 그 결과 '국적법' 제5조의 규정에 따라 5년 이상 일본에 계속 거주하지 않아도 귀화가 가능해진 것이다. 이에 따라 2001년 1월 현재 일본에 정주하고 있는 거의 대부분의 재일한국인들이 이러한 요건을 충족시킬 수 있게 되었다. 결국, 재일한국인이 일본 국적을 취득하는 데 형식적인 어려움은 완전히 제거되었다고 볼 수 있다는 것이다. 保坂祐二(2000), 앞의 논문, 11쪽.

79) 배훈(2007), 앞의 논문, 413쪽.

80) International Covenant on Civil and Political Rights, *Article 27*: "In those States in which ethnic, religious or linguistic minorities exist, persons belonging to such minorities shall not be denied the right, in community with the other members of their group, to enjoy their own culture, to profess and practise their own religion, or to use their own language."

임에 비추어 일본이 보다 적극적으로 해결에 나서야만 하는 특별한 과제인 것이다.[81]

일본은 그동안 한국에 대한 불법지배의 역사적 · 국제법적 책임 인정에 극히 인색한 태도를 보여왔으며, 아울러 재일한국인의 법적지위 보장과 인권 개선을 위한 주도적인 노력도 외면해왔던 것이 사실이다. 그러나 한일 관계가 정상적으로 발전하고 상호 협력적인 관계를 구축해나가기 위해서는 일본이 과거 불행했던 한일 관계 역사에 대한 객관적인 사실 인식 및 그에 대한 책임 인정이 선행되지 않으면 안 된다고 본다. 따라서 일본은 정치적 · 도의적 차원에서뿐만 아니라 법적차원에서 일제 강점기 동안의 불법지배에 대한 사실 인정과 함께 국제법적 책임이행을 위한 전향적 조치를 취해야만 한다고 본다.

이러한 의미에서 일본은 1965년 법적지위협정의 공식적인 '개성'을 동하여 1991년 합의각서에 포함되고 있는 법적지위 및 처우 개선 내용을 전향적으로 재검토하기 위한 의지를 보여줄 필요가 있다. 특히 최근의 국제인권법의 발전을 반영함으로써 재일한국인들의 여망인 지방참정권의 부여를 포함하여 교육 및 취업, 그리고 사회보장제도와 관련하여 문제가 되어 왔던 차별대우를 실질적으로 제거하기 위한 내용으로 재일한국인의 법적지위를 보다 안정적으로 보장해줄 필요가 있다고 본다.[82] · [83]

81) 保坂祐二(2000), 앞의 논문, 13~14쪽.

82) 萩野芳夫(1995), 「外國人の定住と政治的權利」, 徐龍達 編, 『共生社會への地方參政權』, 日本評論社, 205~240쪽.

83) 우리나라의 경우는 2003년에 '주민투표법'의 개정을 통하여 일정한 요건을 갖춘 정주외국인에 대하여 '住民投票權'을 부여하고 2006년에는 '공직선거법'을 개정함으로써 또한 일정한 요건을 충족하는 19세 이상의 정주외국인에 대하여 '地方選擧權'을 부여하는 조치를 취함으로써 외국인의 인권 보장과 관련하여 진일보한 단계를 맞이하게 되었으며, 일본을 상대로 해서도 '지방참정권'을 포함하여 보다 적극적으로 재일교포에 대한 인권보장을 요구할 수 있는 입장이 되었다고 할 수 있다. 김부찬(2007), 앞의

재일한국인이 사실상 일본인과 평등한 대우를 받아야만 하는 것은, 이를 통해서만 일본이 한국 및 재일한국인에 대한 역사적 · 국제법적 책임을 이행하고, 재일한국인으로 하여금 스스로의 정체성을 유지하면서 일본의 21세기 '다문화공생사회'의 구축에 능동적으로 참여할 수 있도록 할 수 있을 것이기 때문이다.

논문(주 66), 16~17쪽.

• 참고문헌

국내문헌

高麗大學校 亞細亞問題硏究所 日本硏究室 編(1976), 『韓日關係資料集』, 第1輯, 高麗大學校.

김대순(2011), 『국제법론』, 제16판, 삼영사.

김부찬(2001), 『외교적보호에 관한 연구』(외교통상부 연구용역보고서).

대한민국정부(1965), 『한일회담백서』.

李光奎(1993), 『在日韓國人』, 一潮閣.

李長熙 편저(1998), 『韓日間의 國際法的懸案問題』, 亞社硏.

이호용 엮음(2000), 『정주외국인에 대한 선거권 부여법제』, 법무부 법무심의관실.

정인섭(1996), 『재일교포의 법적지위』, 서울대학교출판부.

정인섭(2011), 『新 국제법강의-이론과 사례』, 개정판, 박영사.

公報部(1965), 「韓日協定을 通해 본 在日僑胞의 法的地位 및 待遇(韓日協定條約解說)」, 『地方行政』, 제14권.

金敬得(1997), 「국적법개정과 재일한국인」, 『서울국제법연구』, 제4권 제2호.

金敬得(2003), 「在日朝鮮人이 본 '在外同胞法'과 向後의 課題」, 『韓日民族問題硏究』, 제5호.

김명기(1988), 「국제법상 일본으로부터 한국의 분리에 관한 연구」, 『국제법학회논총』, 제33권 제1호.

김부찬(1997), 「국제법상 소수자의 권리」, 『동아시아연구논총』, 제8집, 제주대학교.

김부찬(2002), 「재일한국인의 법적지위-지방참정권을 중심으로」, 『地方自治法硏究』, 제2권 제2호.

김부찬(2007), 「재일한국인의 지방참정권 문제에 관한 고찰」, 『법과 정책』, 제13집 제1호.

金應烈(1992), 「난민조약과 재일한국인」, 『亞細亞硏究』, 第88號.

나인균(1999), 「대한민국과 대한제국은 법적으로 동일한가?」, 『국제법학회논총』, 제44권 제1호.

大沼保昭(1986), 「日本에 있어서 '外國人의 人權' 論 再構成試圖」, 『韓國國際法學의 諸問題』(箕堂李漢基博士古稀紀念).
도노무라 마사루(2005), 「한일회담과 재일조선인－법적지위와 처우 문제를 중심으로」, 『역사문제연구』, 제14호.
文京洙(1998), 「在日韓國人問題의 起源」, 『동아시아연구논총』, 제9집, 제주대학교.
박배근(2006), 「국제법상 국가의 동일성과 계속성」, 『저스티스』, 통권 제90호.
裵薰(2007), 「재일코리안의 일본 내에서의 법적지위」, 『고려법학』, 제48호.
徐龍達(2000), 김용기 譯, 「在日韓朝鮮人의 地方參政權」, 『경영경제』 제33집 제1호.
嚴堯燮(1990), 「韓日會談에 관한 歷史的 再照明」, 『일본연구』, 제1권.
유병용(2005), 「한일협정과 한일관계의 개선방향」, 『한일역사공동보고서』, 제6권.
유철종(1976), 「在外國民의 法的 地位問題」, 『論文集』, 제3집.
이윤환(2001), 「헌법상 정주외국인의 지방참정권」, 『국제인권법』, 제4호.
장박진(2009), 「한일회담 개시 전 한국정부의 재일한국인 문제에 대한 대응 분석: 대한민국의 국가정체성과 '재일성(在日性)'의 기원」, 『아세아연구』, 제52권 제1호.
최영호(2000), 「日本敗戰直後 參政權問題에 대한 在日韓國人의 對應」, 『한국정치학회보』, 제34집 제1호.
최영호(2001), 「在日韓國人의 參政權에 대한 韓日兩國의 政治的 態度에 관한 研究」, 『영산논총』, 제7집, 영산대학교.
한상범(2002), 「韓. · 日協定(1965年), 왜 개정해야 하나?」, 『아 · 太』公法研究』, 제10집.
保坂祐二(2000), 「在日코리안의 法的地位(改正된 '國籍法'과 '入管法'을 中心으로)」, 『平和研究』, 제8권 제1호, 고려대학교.
外務省特別資料部 編(1989), "Definition of 'United Nations,' 'Neutral Nations,' and 'Enemy Nations."
外務省特別資料部 編(1989), "Definition of United, Neutral, Enemy, Special Status and Undetermined Status Nations."

외국문헌

大藏省印刷局(1965), 『日韓條約と國內法の解說』(別冊『時の法令』), 大藏省印刷局.
萩野芳夫(1995), 「外國人の定住と政治的權利」, 徐龍達 編, 『共生社會への地方參政權』, 日本評論社.

Brownlie, Ian(1999), *Principles of Public International Law*, 5th ed., Oxford: Oxford University Press.

FUKUOKA, Yasunori, "Koreans in Japan: Past and Present," *Saitama University Review*, Vol.31, No.1(http://www.han.org/a/fukuoka96a.html).

Kondo, Atsushi(2001), *Citizenship In A Global World－comparing citizenship rights for aliens*, Palgrave.

Lillich, Richard B(1984), *The Human Rights of Aliens in Contemporary International Law*, Manchester: Manchester University Press.

Malanczuk, Peter(1997), *Akehurst's Modern Introduction to International Law*, 7th ed., London and New York: Routledge.

한일청구권협정의 국제법적 문제점에 대한 재검토

동북아역사재단 연구위원 **도시환**

한일청구권협정의 국제법적 문제점에 대한 재검토*

동북아역사재단 연구위원 **도시환**

I. 머리말

일본에 의한 한국강제병합 100년이 되던 2010년은 한일 간 역사갈등의 본질적 원인 규명과 그에 대한 해소방안을 모색하는 일이 우리 시대에 부여된 역사적 과제이자 정의의 소명임을 인식하는 전기가 되었다. 그것은 한일강제병합 100년을 맞이하는 시점에서 올바른 역사 정립을 통해 진정한 역사화해를 모색해나가야 한다는 것으로, '역사적 정의'의 의미가 과거와 현재의 끊임없는 대화 속에서의 재발견이라고 할 때, 국제사회 공동규범으로서 국제법의 법리 역시 정의 구현을 향한 소명에의 복무와 지속적인 발전을 담보해나가야 한다는 것이었다.[1)]

---

* 이 글은 2011년 8월 12일 '2015년 한일협정 체결 50년 대비: 한일협정의 국제법적 문제점에 대한 재조명'을 주제로 동북아역사재단이 주최한 '한일강제병합 100년 역사와 과제 재조명 국제학술회의'에서 주제발표한 논문의 수정본으로, 『외법논집』, 제35권 제4호(2011. 11)에 게재된 것임.

한일강제병합 100년사의 재조명에서 가장 주목할 만한 사건은 2010년 5월 10일 214명으로 시작하여 65주년 광복절을 앞둔 7월 28일 1,118명의 한일 양국 지식인이 '역사적 정의'에 입각하여 천명한 '1910년 한일병합조약은 원천무효' 공동성명이었다. 그런데도 2010년 8월 10일 간 나오토[菅直人] 일본 총리의 한일강제병합 100년에 즈음한 담화는, 일부 진일보라는 평가와 달리 여전히 한일 지식인들이 요구해온 병합조약의 불법성과 무효를 인정하지 않았을 뿐만 아니라 과거사 갈등의 핵심인 강제징용 및 일본군'위안부' 피해자 문제 등에 대한 실질적인 조치를 외면함으로써, 결국 일본은 지금까지도 1910년 한국강제병합에 대해 국제법상 하자가 없다거나, 도덕적으로 일부 문제가 있더라도 병합 자체는 유효하다는 입장을 고수해오고 있다.[2)]

일본 정부의 입장은 시제법(intertemporal law), 즉 한일병합조약 체결 당시의

---

1) 도시환(2010. 12), 「1910년 '한일병합조약' 체결강제의 역사적 진실규명과 국제법적 조명」, 『국제법학회논총』, 제55권 제4호, 39쪽.

2) 1910년 '한일병합조약'의 유 · 무효에 대한 국제법적 평가와 관련하여서는 법철학적 명제로서 국제법상의 적법성(legality)과 정당성(legitimacy)의 관계에 관한 법리를 중심으로 세 가지 견해로 구분되고 있다. 첫째, 1910년 병합 당시의 일본인의 인식이자 1965년 사토 에이사쿠[佐藤榮作] 내각과 현재 자민당 우파가 이어받고 있는 견해로 병합이 동양평화를 위한 것으로 도덕적으로나 법적으로 아무런 문제가 없으며, 양국 간 자유의지와 평등을 기초로 적법한 절차에 따라 병합조약이 체결되었다는 '합법론', 둘째, 1995년 무라야마 도미이치[村山富市] 내각에서 출발하여 오늘날 일본의 다수 학자 · 정치가의 견해로, 합법론에서의 침략에 대한 도덕적 · 윤리적 책임은 있으나 법적으로는 문제가 없다는 입장으로, 즉 병합이 국제적 정의와 도덕의 근본원칙상 비난의 논쟁은 차치하더라도, 당시 실정법이 금지하지 않는 행위였다는 '유효부당론', 셋째, 2010년 5월 10일 한일 지식인 공동성명에서와 같이 병합조약 자체가 무력에 의한 강제와 황제의 조약 불승인 등 요건불비에 따른 불법 · 무효라는 '불법론'으로 대립되고 있다. 도시환(2010. 2), 「1910년 한일병합조약의 국제법적 재조명」, 『외법논집』, 356~357쪽; 그러나 2010년 간 나오토[菅直人] 내각의 시각 역시 유효부당론의 연장선상에 있는 것이다. *Korea Times*, "1910 Korea-Japan Annexation Treaty Invalid," Interviewed by See-hwan Doh (2010. 8. 12), p. 1.

국제법에서는 합법이었다는 것으로, 침략을 본질로 하는 무효사유로서의 조약체결 강제행위를 은폐하기 위해 체결형식과 절차에서 국제법적 합법성 요건을 구비하려 했던 것이다. 그러나 당시의 국제법에서도 전권위임장과 국가원수의 비준서 등이 구비되지 못한 조약은 국제법상 무효로 입증됨으로써 역사적 아이러니일 뿐만 아니라 '역사적 정의'라는 관점에서 재고를 요구하고 있는 것이다.

이와 같이 상세병합 자체가 합법이라는 인식에서 출발하고 있는 일본 정부의 입장은 한일강제병합에 따른 일제강점기의 문제를 해소하고 한일 간 기본관계 수립과 정상화를 위해 체결된 1965년 한일협정에도 그대로 투영됨으로써, 2015년 한일협정 체결 50주년을 앞둔 시점에서 오히려 한일역사 갈등의 제반 문제를 노정시키는 진원지이자 청산해야 할 대표적인 현안과제로 평가되고 있음은 주지의 사실이다. 그것은 2010년 한일강제병합 100년을 맞는 시점에서야 한일 양국 지식인 1,118명에 의한 '1910년 '한일병합조약'의 원천무효' 선언이 천명될 수 있었던 맥락에서 볼 때, 강제병합을 합법이라는 전제에서 출발하고 있는 일본 정부가 체결하고자 한 '1965년 한일협정'이라는 것은 태생적으로 어느 시점에서든 재검토를 요하는 한계에 봉착할 수밖에 없으며 한일역사 갈등의 맹아(萌芽)를 배태하는 것에 다름 아니었던 것이다.

한일강제병합 100년이던 2010년 당시 언론에 보도된 '1월 13일 900회차 위안부 할머니들의 수요집회',[3] '강제징용피해자 소송단이 발견한 1965년 당시 일본 외무성 문서상의 개인청구권',[4] '한일변호사 "청구권협정, 일제 피해

3) "그들은 잊었지만 …… 위안부 할머니들 '900번째 눈물'", 《동아일보》(2010. 1. 14), A1면; '일본군'위안부'' 할머니들의 진상규명, 사죄, 배상을 요구하는 수요집회는 2011년 12월 14일이면 1,000회에 이르게 된다.

4) "일 외무성 문서, 한일협정과 개인청구권 무관", 《연합뉴스》(2010. 3. 14).

보상 불충분" 선언'[5] 등에서 보이는 바와 같이, 한일협정이 해결하지 못한 여전히 현재진행형의 과제들로 남아 있는 것이다.

더욱이 2011년 8월 30일 헌법재판소가 일본군'위안부' 피해자들에 대한 배상을 위해 "대한민국과 일본국 간의 재산 및 청구권에 관한 문제의 해결과 경제협력에 관한 협정(이하 한일청구권협정)" 제3조상의 외교교섭이나 중재에 정부가 적극적으로 나서지 않는 작위의무 위반에 대해 위헌 결정[6]을 내렸다는 점에서도 그 시사하는 바가 크다 하겠다.

따라서 이 글에서는 2015년 한일협정 체결 50주년을 앞둔 시점에서 한일협정의 제반 문제점 가운데서도 실제 한일회담 당시 협상의 주도적인 사안[7] 이자 오늘날 한일 양국 간 가장 논란이 되고 있는 한일청구권협정에 대한 국제법적 재조명을 통해 한일 간 평화와 번영을 위한 역사화해의 전제로서 남겨진 과제의 해결방안에 대해 모색해보고자 한다.

5) "日, "한일 청구권협정 불충분" 선언에 귀 기울여야", 《세계일보》(2010. 12. 10).

6) 「대한민국과 일본국 간의 재산 및 청구권에 관한 문제의 해결과 경제협력에 관한 협정 제3조 부작위 위헌확인 결정」(헌재 2011.08.30, 2006헌마788, 공보 제179호, 1285); 헌재 "정부, 위안부－원폭 피해 방치는 위헌", 《동아일보》(2011. 8. 31), 정치 A1면.

7) 김영미(2008. 12), 「국익으로 동원된 개인의 권리－한일회담과 개인보상문제」, 『동북아역사논총』, 제22호, 103쪽; 한일회담에서 기본관계문제가 정신적 과거사 정리 작업이었다면 청구권 문제는 물질적 차원의 청산작업이었다. 실제 한일회담에서 협상의 주도적인 사안은 청구권 문제였으며, 기본관계문제는 청구권 문제의 보조적 사안으로 기능했다.

II. 한일청구권협정의 체결 배경

1. 한일청구권협정의 체결 과정

머리말에서 언급한 바와 같이 한일회담의 주요 목적은 본래 일본의 식민통치로부터 유래하는 여러 문제를 청산하고 그러한 토대 위에서 국교수립을 모색하는 것이었다. 그리고 이 과정에서 일본의 전후배상문제와 관련한 주요한 의제는 청구권협상이었다. 그러나 한일 양국의 청구권협상은 배상이나 식민지 지배에 대한 피해보상의 측면에서 논의되기보다는 국가 간 경제협력의 논리로 처리되고 말았다.[8)]

그러므로 일본의 전후청산을 위한 처리방식으로서 청구권협상이 어떻게 경제논리로 귀결되었는가[9)]에 대한 분석 없이 청구권협정상의 규정만을 전제로 법적 의미를 검토하는 것은 오늘날 한일 간 역사갈등의 새로운 기제로 대두된 한일협정의 본질적 문제점을 규명하지 못하는 한계에 봉착하게 된다. 따라서 청구권협정에 대한 국제법적 문제점을 재검토함에 있어 이에 대한 역사적인 배경과 이를 강제한 논거에 대한 분석이 선행되어야 한다.

이와 관련하여 그 당시 미일관계의 변화와 한미 · 한일관계의 변화라는 두

8) 이현진(2008. 12), 「한일회담의 청구권 문제의 해결방식－경제협력 방식으로의 전환과정과 미국의 역할을 중심으로」, 『동북아역사논총』, 제22호, 73쪽.

9) 한 · 미 · 일 3국 정부의 국제정치역학관계 속에서 청구권 문제를 분석한 연구로 1960년대 청구권 문제가 경제협력방식으로 타결된 것은 당시 한 · 미 · 일 3국 정부의 냉전인식의 산물이라는 분석과 관련하여, 木宮正史(1995), 「1960年代における冷戰と經濟開發－日韓國交正常化とベトナム派兵を中心にして」, 『法學志林』, 제92권 제4호를 참조.

축의 상호 교차점에서 분석해야만[10] 해결방식의 논거를 보다 명확히 규명할 수 있을 것이다.[11] 왜냐하면 미국의 동아시아 전략의 변화와 여기서 파생되는 한국과 일본의 대응방식이 결국 한일청구권협정의 체결과정에 투영됨으로써 한일청구권협정의 성격을 규정했기 때문이다.

1945년 제2차 세계대전 종전 즈음 미국의 동아시아 정책은 일본을 약화시키고 소련, 중국과 더불어 평화체제를 구축하는 것이었다. 그러나 전후 소련의 팽창정책과 동유럽권 공산화, 중국에서의 공산당 정권의 집권, 한국전쟁의 발발 등에 직면하자, 미국은 일본을 냉전체제의 동반자이자 공산권 봉쇄의 일원으로 재편하는 정책으로 전환했다. 구체적인 실례가 1951년 9월 미국과 일본이 체결한 '샌프란시스코강화조약'[12]과 '미일안전보장조약'으로, 미국은 그 연장선상에서 한국과 일본이 국교를 수립하여 지역협력체제를 구축하도록 권고하였다. 한국과 일본이 1951년 10월부터 한일회담을 시작한 것은 미국의 이러한 의도를 반영한 것이었다.[13]

1950년대 후반부터 미국 정부는 경기침체로 인해 동북아시아에서의 지역협력체제 구축을 현실화시킬 필요성의 증대와 일본과의 협력체제를 통해 미

---

10) 미국의 한일 양국의 청구권 문제에 대한 입장과 한일협정의 향후 과제와 관련한 국제정치학적 관점에서의 분석으로는, 이종원(1995), 「한일회담의 국제정치적 배경」, 『한일협정을 다시 본다 – 30주년을 맞이하여』, 아세아문화사; 이종원(2010. 8. 26), 「한일협정과 남겨진 과제」, 『1910년 한국강제병합, 그 역사와 과제』(동북아역사재단 국제학술회의 자료집) 참조.

11) 이현진(2008. 12), 앞의 논문, 74쪽.

12) 일본은 1951년 샌프란시스코강화조약 체결 이래, 1952년 8월 IBRD, 1955년 9월 GATT, 1956년 UN의 회원국으로 가입하면서 자본주의 세계로의 신속한 진입 및 세계체제 속에서 확고한 지위를 획득해갈 수 있었다. 홍인숙(1995), 「한일회담에 대한 미 · 일의 구도와 대응」, 『역사비평』, 통권 30호(봄호), 26쪽.

13) 정재정(2006), 「한일국교정상화조약, 무엇이 문제인가」, 『한일관계 2천년; 근현대』, 경인문화사, 240쪽.

국의 대아시아 원조의 부담을 경감하고자 하는 1960년대 미국의 대외원조정책의 변화와 더불어 한일관계 개선에 중재자로서의 역할을 수행했다. 이에 미국 정부는 한일관계의 최대 쟁점이 되고 있는 청구권 문제의 처리에 정치적 타협을 권유하며 적극적으로 개입하였고, 일본에 대한 경제원조를 한국의 대일청구권 해결과 연계하는 경제협력방식을 제기하였다. 결국 1960년대 청구권협정은 자국의 경제적 부담을 경감하려는 미국의 의도, 전후 급격히 성장한 독점자본의 진출을 갈망한 일본의 요구 그리고 불안정한 정권기반을 경제성장으로 만회하고자 했던 한국 정부의 이해관계가 일치하면서 경제협력방식으로 귀결되었다.[14)]

2. 샌프란시스코강화조약과의 관계

올해로 체결 60주년을 맞는 샌프란시스코강화조약은 1951년에 체결되고 1952년에 발효한 조약으로, 1965년 한일청구권협정과 관련하여 많은 논란이 있어 왔다. 한일청구권협정 제2조 제1항[15)]에 언급된 샌프란시스코강화조약 제4조 (a)[16)]와 관련하여 규정을 중심으로 논의하면 다음과 같다.

14) 이현진(2008. 12), 앞의 논문, 94쪽.

15) 1965년 한일청구권협정은 제2조 제1항: "…… 청구권에 관한 문제가 1951년 9월 8일에 샌프런시스코우시에서 서명된 일본국과의 평화조약 제4조 (a)에 규정된 것을 포함하여 완전히 그리고 최종적으로 해결된 것이 된다는 것을 확인한다"라고 규정하고 있다.

16) 1951년 샌프란시스코강화조약은 제4조 (a): "…… 일본국 및 그 국민의 재산으로서 제2조에 규정된 지역에 있는 것 및 …… 청구권(채권을 포함)으로서 실제로 이들 지역의 시정을 행하고 있는 당국 및 그 주민(법인 포함)에 대한 것의 처리와, 일본국에서의 이들 당국 및 주민의 재산과 일본국 및 그 국민에 대한 이들 당국 및 주민의 청구권(채권 포함)의 처리는 일본국과 이들 당국 사이의 특별협정의 주제로 한다"고 규정하고 있다.

1965년 한일협정체제가 샌프란시스코강화조약 체제의 하위체제[17]라는 전제하에, 한국의 대일청구권 행사의 법적 근거를 샌프란시스코강화조약 제4조 제1항에 두고 청구권협정의 대상범위도 그에 한정된다고 보는 견해가 있다.[18] 이에 샌프란시스코조약 제14조의 적용에서 제외되고 제4조의 적용만을 받게 된 한국은 일본에 대하여 배상적 청구를 할 자격을 얻지 못하였으며, 단지 순수한 채권채무적 관계의 청구권만을 요구할 수밖에 없었다고 해석하고 있다.[19] 한국 정부 역시 "청구권 문제와 관련하여 일제의 35년간 식민지적 통치의 대가로서 논의하는 일부의 의견은 이와 같은 한일 간의 청구권 문제에는 배상청구를 포함시킬 수 없다는 근본적 입장을 인식하지 못한데서 일어나는 개념적 혼동"이라고 설명한 바 있다.[20]

그러나 조약은 원칙적으로 체결 당사국 간에만 법적 효력을 갖게 되며 제3국의 동의 없이는 어떠한 권리의무도 창설할 수 없다.[21] 샌프란시스코강화조약 제4조 제1항의 정확한 해석은 한국이 동의할 경우, 한일 양국은 동조약 제

17) 남기정(2008. 12), 「샌프란시스코평화조약과 한일관계–관대한 평화와 냉전의 상관성」, 『동북아역사논총』, 제22호, 37쪽.

18) 정일영(1965), 「한일회담의 계쟁점」, 『한일회담 백서』(대한민국 정부), 254쪽; 정인섭(1994. 6), 「1965년 한일청구권협정 대상범위에 관한 연구」, 『성곡논총』, 제25집 상권, 514쪽.

19) 정일영(1965), 위의 논문, 244~245쪽.

20) 대한민국 정부(1965), 『한일회담 백서』, 41쪽. 나아가 1965년 청구권협정은 샌프란시스코조약 제4조에 법적 근거를 두고 체결되었으므로, "청구권협정상의 청구권은 보상청구권을 뜻하는 것이며, 배상청구권은 이에 포함되어 있는 것이 아니다"라는 해석도 주장되고 있다.

21) 조약법에 관한 비엔나협약 제34조: 조약은 제3국에 대하여 그 동의 없이는 의무 또는 권리를 창설하지 아니한다. 제35조: 조약의 당사국이 조약규정을 제3국에 대하여 의무를 설정하는 수단으로 의도하며 제3국이 서면으로 그 의무를 명시적으로 수락하는 경우에는 그 조약의 규정으로부터 그 제3국에 대하여 의무가 발생한다.

4조 제1항이 주제로 하고 있는 재산 및 청구권 문제에 관하여 협의할 법적 의무를 진다는 것뿐이다. 전쟁배상문제를 규정한 제14조의 적용대상에서 한국이 제외되었다고 하여 자동적으로 한국의 여타 권리주장이 법적으로 금지되었다는 결론은 나올 수 없다. 샌프란시스코강화조약은 한일회담 개시를 촉진한 정치적 계기였다고 해석함이 보다 정확하며, 또한 동조약 제4조가 한일 간 청구권협상 개시의 계기로 작용하였다고 하여도, 그 후 양국 간의 협상대상이 제4조상의 주제로만 한정되어야 한다는 논리는 성립하지 않는다. 제4조에 규정된 주제만을 논의의 대상으로 할 것인가, 아니면 국교정상화에 따른 그 이상의 문제도 아울러 협상할 것인가는 전적으로 양 주권국가가 결정할 문제였다.

따라서 청구권협정의 법적 근거는 샌프란시스코조약 제4조였으므로 한일 청구권협정상의 청구권[22]은 보상적 청구권에 국한되었다는 단순논리 역시 성립되지 않으며,[23] 2010년 한일 양국 지식인이 '역사적 정의'에 입각하여 천명한 "1910년 한일병합조약은 원천무효"라는 공동성명에서와 같이, 침략을 본질로 하는 무효사유로서의 강제병합조약을 전제로 한 일제식민지배[24]의

22) 회담 과정에서 "한국은 청구권이란 용어를 법적 근거 하에 일본에 대하여 요구할 수 있는 실체적 권리를 총칭하는 의미"로 사용하였으며 이른바 대일청구 8개요강은 그러한 청구권의 구체적 내용으로 제시된 것이었다. 그러나 조문화 과정에서 일본은 '청구권'의 개념을 실체적 권리가 아니라 '클레임'을 제기할 수 있는 지위로서만 이해하여야 한다고 주장하였고 그러한 주장을 수용하는 방식으로 현재의 청구권협정 제2조가 작성된 것이라는 것이다. 정인섭(1994. 6), 앞의 논문, 21쪽; 이러한 사정에 따라 대한민국과 일본국 간의 재산 및 청구권에 관한 문제의 경제협력에 관한 협정에 대한 합의의사록(I) 2항 (a)는 "'재산, 권리 및 이익'이라 함은 법률상의 근거에 의거하여 재산적 가치가 인정되는 모든 종류의 실체적 권리를 말하는 것으로 양해되었다"는 명문의 규정을 두게 된 것이다. 박배근(2006), 「1965년 한일청구권협정과 개인의 청구권」, 『한일역사관련 국제법논문선집』, 동북아의 평화를 바른역사정립기획단, 329쪽.

23) 정인섭(1994. 6), 앞의 논문, 514~515쪽.

24) 이와 관련하여 무샤코지 긴히데[武者小路公秀] 교수는 2001년 남아프리카공화국 더

불법성을 해소하기 위해서는 한일청구권협정상 배상청구권을 포함하여야 할 것이다.

III. 한일청구권협정의 체결과 후속 조치

1. 한일청구권협정과 일본 법률 제144호 제정

일본은 한일청구권협정 제2조 제3항[25]의 "일방체약국 및 그 국민의 재산, 권리 및 이익으로서 본 협정의 서명일에 타방체약국의 관할하에 있는 것에 대한 조치"와 관련하여 1965년 12월 17일 '재산 및 청구권에 관한 문제의 해결 및 경제협력에 관한 일본국과 대한민국 사이의 협정 제2조의 실시에 수반되는 대한민국 등의 재산권에 대한 조치에 관한 법률(이하 '법률 제144호'로 약칭)'을 제정하여, "대한민국 또는 그 국민(법인을 포함)의 재산" 중, 한일청구권협정 제2조 제3항의 "재산, 권리 및 이익에 해당하는 것"을 "1965년 6월 22일자로 소멸"

반(Durban)에서 개최된 반인종차별세계총회에서 제시된 '식민주의 범죄(The Crime of colonialism)'라는 개념의 정립이 필요함을 역설하고 있다. 武者小路公秀(2009), 「日韓「併合」の不法性と歴史的教訓」, 『일본의 한국병합 효력에 대한 국제법적 재조명』(동북아역사재단 국제학술회의, 2009. 6. 22), 41쪽; 도시환(2010. 2), 「1910년 한일병합조약의 국제법적 재조명」, 『외법논집』, 제34권 제1호, 362~363쪽; Seehwan Doh(2009. 7. 10), "1910 Annexation Treaty Invalid," *Korea Times*, p. 7 참조.

25) 한일청구권협정 제2조 제3항: …… 일방체약국 및 그 국민의 재산, 권리 및 이익으로서 본 협정의 서명일에 타방체약국의 관할 하에 있는 것에 대한 조치와 일방체약국 및 그 국민의 타방체약국 및 그 국민에 대한 모든 청구권으로서 동일자 이전에 발생한 사유에 기인하는 것에 관하여는 어떠한 주장도 할 수 없는 것으로 한다.

시키는 조치를 취하였다.

법률 제144호에 의하여 소멸된 한국 국민의 권리는 구체적으로 한국인의 채권, 담보권, 소유권, 유가증권상의 권리로, 한일청구권협정 제2조 제1항의 한국인의 '재산, 권리 및 이익'에 해당한다는 것에는 의심의 여지가 없다. 아울러 법률 제144호가 청구권협정 제2조 제1항의 '청구권'을 소멸시키는 것이 아니라는 점에도 의심의 여지가 없다. 왜냐하면 법률 제144호에는 '청구권'의 소멸에 해당하는 어떠한 조항도 존재하지 않으며, 또 청구권협정 제2조 제1항에서 말하는 '청구권'은 아직 미확정 권리이므로 법률에 의하여 소멸시킬 수도 없기 때문이다. 그러므로 한국 국민의 '청구권'에 대해서는 일본 국내법상으로도 아직 그것을 소멸시키는 조치가 취하여진 바 없다.[26]

이러한 사실은 일본 국회에서 표명된 일본 정부의 공식 견해를 통하여 확인할 수 있다. 즉, 단바[丹波] 외무성 조약국장은 청구권의 포기라는 것이 개인의 소권까지 소멸시키는 것은 아니라는 점을 분명히 하고 있으며,[27] 다케우치[竹內] 외무대신 관방심의관 또한 청구권협정 제2조 제1항의 의미와 관련하여 개인의 본국인 한국의 외교적 보호권 행사를 할 수 없다는 것으로 개인의 청구권을 인정하고 있다.[28]

---

26) 박배근(2006), 앞의 논문, 333쪽.

27) 1993년 4월 6일 일본 제126회 국회 참의원 『외무위원회회의록』, 제3호, 11쪽; 단바[丹波] 외무성 조약국장은 "청구권 포기라고 하는 경우에 그 개개인이 상대국의 법원에 소를 제기하는 소권이라고 할까요, 그것까지는 소멸시키지 않고 있습니다. …… 그렇다면 개인이 상대국으로 와서, 이 경우에는 필리핀인이나 '한국인'이 됩니다만, 일본에 와서 재판을 제기한 경우에 법원이 어떻게 판단하는지 하는 것은 사법부의 문제로서 행정부로서는 그것을 주목하고 있다는 …… 것입니다"라고 답변.

28) 1994년 3월 25일 일본 제129회 국회 중의원 『내각위원회의록』, 제1호, 8쪽; 다케우치 외무대신 관방심의관은 "…… 우리 나라[일본]의 국내법상의 처리에 관하여 개인의 본국이, 이 경우에는 '한국'입니다만, 이른바 외교적 보호권을 행사할 수 없다는

즉, 일본 정부는 한국 정부가 외교적 보호권을 포기하였고, 일본의 국내조치에 대하여 어떠한 주장도 제기하지 않는다는 것을 보장하였기 때문에[29] 그러한 사실을 전제로 국내입법을 통하여 한국 국민의 재산, 권리, 이익을 소멸시키는 조치를 취한 것이다. 그러나 법률 제144호는 한국 국민의 청구권에 관해서는 어떠한 규정도 두고 있지 않다. 따라서 한국 국민의 '청구권'이 법률 제144호에 의하여 소멸되지 않은 것은 분명하다.

2. 한일청구권협정과 한국의 입법조치

한국은 1966년 2월 19일에 '청구권자금의 운용 및 관리에 관한 법률'[30]을 제정하여 청구권협정에 의하여 일본으로부터 받게 될 자금의 관리 문제에 관한 사항을 결정하였다. 그리고 1971년 1월 19일에는 '대일민간청구권신고에 관한 법률'[31]을 제정하여 일본과 일본 국민에 대하여 가지는 한국 국민의 재산권에 관한 신고를 접수하였다. 그리고 1974년 12월 21일에는 '대일 민간청구권 보상에 관한 법률'[32]이 제정되어 1971년 법률에 근거한 신고를 기초로

것이 조약상의 메커니즘으로 되어 있습니다. 그러므로 개인의 이 점에 대한 청구권에 관해서는 …… 개인으로서의 청구를 예컨대 법원에 제기한다고 하는 권리까지 박탈당하고 있다는 것은 아닙니다"라고 답변.

29) 한일청구권협정 제2조 제3항.

30) 동 법률 제5조 제1항: "대한민국 국민이 가지고 있는 1945년 8월 15일 이전까지의 일본국에 대한 민간청구권은 이 법에서 정하는 청구권자금 중에서 보상하여야 한다."

31) 동 법률은 한국인이 소유하고 있는 일본 은행권 및 일본국 정부의 보조화폐, 일본국 정부 등이 발행한 유가증권, 일본 금융기관에 예입된 예금, 일본국 정부기관에의 기탁금, 일본국 정부에 대한 채권 등과 함께, "일본국에 의하여 군인 · 군속 또는 노무자로 소집 또는 징용되어 1945년 8월 15일 이전에 사망한 자"(피징용사망자)는 신고를 하도록 하는 것을 내용으로 한다.

32) 동 법률은 재산, 권리 및 이익에 해당하는 것에 대한 보상조치와 함께, "청구권신고법

실제로 보상금을 지급하였으며 이 법률들은 목적을 달성한 것으로서 1982년 12월 31일자로 폐지되었다.

그런데 청구권협정에 의하여 일본이 한국에 지불한 금액은 '법적으로는' 한국민의 '재산, 권리, 이익' 그리고 '청구권'에 관한 외교적 보호권을 포기한 청구권협정 제2조 제1항과는 어떠한 대가관계에도 있지 않다. 즉, 청구권협정에 관한 일본 정부의 설명에 따르면 "제1조가 규정하는 5억 달러의 자금 공여는 한국 측이 말하는 바와 같이 한국의 대일청구에 대한 채무지불의 성격을 가지는 것이 아니라는 것은 말할 것도 없는 것으로서 …… 어디까지나 경제협력으로 이루어진 것에 지나지 않는" 것이다.[33] 따라서 한국이 청구권협정에 의하여 제공된 자금을 상기 법률 등을 제정하여 국민에게 배분한 것은 한국 정부의 외교적 보호권의 포기를 전제로 한 일본의 국내 입법조치로 한국 국민이 일본 정부나 일본 국민을 상대로 자신의 권리를 행사하거나 청구를 제기하는 것이 '사실상' 곤란해졌다는 사정에 기인하는 것에 불과한 것이다.

Ⅳ. 한일청구권협정의 국제법적 문제점

1. 한일청구권협정상 청구권자금의 성격

한일 양국은 한일청구권협정 제1조[34]에서 일본국이 3억 달러의 가치를 가

제2조 제1항 제9호의 피징용사망자에 대한 청구권보상금"으로서 "1인당 30만원"(제4조 제2항)을 지급하는 조치를 취했다.

33) 일본 大藏省印刷局(1966), 『日韓條約と國內法の解說』(『時の法令』別冊), 東京: 大藏省印刷局, 63쪽.

지는 "일본국의 생산물 및 일본인의 용역"을 무상으로 제공하기로 합의하고, 제2조에서 "청구권에 관한 문제가 …… 완전히 그리고 최종적으로 해결된 것이 된다는 것을 확인한다"라고 합의했다.

한일청구권협정 제1조와 제2조의 관계와 관련하여, 한국 정부는 "1965년 8월의 '한일 간 조약과 제협정 비준동의안 심사특별위원회'에서, 장기영 경제기획원장관이 "이 청구권 제2항[35]에 있는 이른바 무상 3억 불은 청구권이 아니라 한 걸음 더 나아가서 실질적으로는 배상적인 성격을 가진 것이라고 생각합니다. 그런 의미에서 이것은 경제협력이 아니라 청구권이 주로 되어 있습니다"라는 언급에서 보이는 바와 같이 양자 사이에 상호관계가 존재한다고 해석하고 있다.[36]

반면, 일본 정부는 "경제협력의 증진과 청구권 문제의 해결은 동일한 협정의 내용으로 되어 있지만, …… 양자 사이에는 전혀 법률적인 상호관계는 존재하지 않는 것이다." 다시 말해 무상 3억 불은 권리문제의 해결을 위한 것이 아니라 어디까지나 "독립축하금" 혹은 "경제협력자금"[37]이라고 해석해왔다. 이러한 일본 정부의 해석은 '한일청구권협정'이 식민지 지배의 책임에 관한

---

34) 한일청구권협정 제1조 제1항: 일본국은 대한민국에 대하여 (a) 3억 아메리카합중국 불($ 300,000,000) …… 의 가치를 가지는 일본국의 생산물 및 일본인의 용역을 본 협정의 효력 발생일로부터 10년 기간에 걸쳐 무상으로 제공한다. (b) 2억 아메리카합중국 불($ 200,000,000)에 달하기까지의 장기 저리의 차관으로서, 일본국의 생산물 및 일본인의 용역을 대한민국이 조달하는데 있어 충당될 차관을 본 협정의 효력 발생일로부터 10년 기간에 걸쳐 행한다.

35) 언급된 규정은 한일청구권협정 제1조 제1항 (a)에 대한 오류로 보임.

36) 「한일간 조약과 제협정 비준동의안 심사특별위원회 회의록」(1965. 8. 3-11), 고려대학교 아세아문제연구소 일본연구실 편(1976), 『한일관계자료집』, 제1집, 고려대학교 출판부, 242쪽.

37) 谷田正躬 外2 編(1966), 『日韓條約と國內法の解說』(『時の法令』別册), 大藏省印刷局, 62쪽.

것이 아니라는 입장의 연장선상에 위치하는 것이다.

다만, 청구권협정을 통해 해결된 청구권의 범위와 관련해서 한국 정부는 "영토의 분리 · 분할에서 오는 재정상 및 민사상의 청구권"이 해결되었을 뿐 "일제의 35년간 식민지적 통치의 대가"는 대상이 아니라는 입장을 밝혔다. 이에 대해,[38] 일본 정부는 한반도 지배에 관한 언급은 없이 "샌프란시스코강화조약 제2조 (a)에서 규정하는 일본에 의한 조선의 분리 · 독립"에 관한 청구권이 해결된 것이라고 밝혀,[39] 일제의 한반도 지배의 책임에 관해서는 해석의 차이를 보이면서도 한일청구권협정에 의해 해결된 문제의 범위에 관해서는 일정한 해석의 일치를 보이고 있다.[40]

요컨대, 한일강제병합조약과 한일청구권협정과 관련[41]하여, 한국 정부는 ① 1910년 조약은 애당초 무효였다, ② 따라서 35년간의 지배는 불법강점이었다, ③ 그래서 1965년에 그와 '관련하여' 일정한 대가를 받았다, ④ 그러나 그것은 "영토의 분리 · 분할에서 오는 재정상 및 민사상의 청구권" 문제를 해결하기 위한 것이었을 뿐 "일제의 35년간 식민지적 통치의 대가"는 아니었다라고 해석 · 주장하였다. 이에 대해, 일본 정부는 ① 1910년 조약은 당초에는 유효였지만 1948년 8월 15일에 무효가 되었다, ② 따라서 35년간의 지배는 합법이었다, ③ 그래서 1965년에 그에 '대해' 아무것도 준 것이 없었다, ④ 그러나 "조선의 분리독립"에 관한 청구권 문제는 해결되었다라고 해석 · 주장

38) 대한민국정부(1965), 앞의 책, 41쪽.

39) 谷田正躬 外2 編(1966), 앞의 책, 61~62쪽.

40) 김창록(2009), 「1965년 '한일조약'에 대한 법적 재검토」, 이태진 · 사사가와 노리가츠 공편, 『한국병합과 현대 – 역사적 국제법적 재검토』, 태학사, 798~806쪽 참조.

41) 이와 관련하여 파생된 현안과제에 대한 논의로는 도시환(2008. 12), 「일본군 '위안부' 문제의 현황과 국제인권법적 재조명」, 『국제법학회논총』, 제53권 제3호, 41~68쪽; See-hwan Doh(2008. 12. 12), "Comfort Women," *Korea Times*, p. 7 참조.

한 것이다.[42]

2. 한일청구권협정상 개인청구권

1) 일본 정부의 해석

일본 정부는 한일청구권협정 제2조 제1항에 의해서 소멸된 것은 개인의 청구권이 아닌[43] 국가의 외교보호권만으로 일관되게 주장하여 왔으며,[44] 일본 정부나 일본 국민에 대하여 한국 국민이 가지는 '재산, 권리 및 이익'은 일본의 국내적 입법조치인 법률 제144호의 제정을 통하여 소멸시키는 조치를 취하였다. 그리고 일본 국내법상으로 한국 국민의 그러한 권리를 소멸시키는 조

42) 김창록(2010. 9), 「1910년 한일조약에 대한 법사학적 재검토」, 『동북아역사논총』, 제29호, 204~205쪽.

43) 개인의 권리를 소멸시키지 못하고 외교적 보호권만을 포기할 수밖에 없었던 이유는 조약의 비준제도가 갖는 민주적 통제의 결과다. 일본은 헌법 제73조에서 내각이 체결하는 조약에 관하여 원칙적으로 사전에 국회의 승인을 받도록 함으로써 비준 제도가 갖는 민주적 통제를 제도화하고 있다. 그러므로 일본 정부로서는 일본 국민의 권리를 소멸시키는 조약을 체결하는 경우에는 일본 국회의 승인을 얻지 못하게 되며, 그럴 경우 비준 절차가 완료되지 않음으로써 청구권협정 자체가 발효할 수 없게 될 것이라는 점을 충분히 인식하였을 것이다. 실제로 이미 언급한 바 있는 '일본과 대한민국 간의 조약 및 협정 등에 관한 특별위원회'에서 이시바시[石橋] 의원은 청구권협정이 일본 국민의 권리를 소멸시키는 것이 아닌가 하는 점을 강하게 따졌고 그에 대한 답변으로 시이나[椎名] 外相은 청구권협정이 "외교적 보호권의 소멸만을 의미할 뿐 개인의 권리를 소멸시키는 것은 아니라"는 취지의 답변을 한 것이다. 이러한 사정은 일본 정부가 청구권협정 제2조 제1항에 관하여 취하고 있는 해석태도를 이해하는데, 나아가 동 조항을 해석하는데 시사하는 바 크다. 박배근(2006), 앞의 논문, 331 · 339쪽.

44) 日本衆議院(1965. 11. 5), 『日本國と大韓民國との間の條約及び協定等に關する特別委員會議錄第10號』, 17쪽 이하, 시이나[椎名悅三郎] 외무대신의 답변; 日本參議院(1991. 8. 27), 『豫算委員會會議錄第3號』, 10쪽, 야나이[柳井俊二] 외무성 조약국장의 답변; 日本衆議院(1994. 3. 25), 『內閣委員會會議錄第1號』, 8쪽, 다케우치 유키오[竹內行夫] 외무대신 관방심의관의 답변 참조.

치에 대하여 한국은 이의를 제기하지 않을 것을 청구권협정을 통해 약속하였는데, 외교적 보호권의 포기가 구체적으로 의미하는 바가 바로 이러한 약속인 것이다.[45)]

그리고 최근 언론에 공개[46)]된 바 있는 1965년 당시 한일협정 체결 전후로 작성된 (1) 1965년 4월 6일 '평화조약에서 국민의 재산 및 청구권 포기의 법률적 의미', (2) 5월 28일 '일한 청구권협정 제2조와 나포어선 문제', (3) 9월 1일 '일한 청구권조약과 재한(在韓) 사유재산 등에 관한 국내 보상 문제' 등 3건의 일본 외무성 기밀문서에서도 개인의 청구권이 인정되고 있다. 당시 이승만 정부가 선포한 평화선을 침범하여 나포된 일본 어선 선주들이 한국 정부를 상대로 배상 소송을 제기할 것에 대비하여 일본 정부가 작성한 것으로, 한일협정이 체결되더라도 개인청구권은 별개의 문제로 인식하고 있으며, 일본 어민의 재산권 보호 차원에서 한일협정 체결 이후에도 개인의 청구권은 유효하다는 입장을 취하고 있는 것이다. 그러한 전제에서 양국 국민에게 동일하게 적용되는 청구권협정상 일제에 의한 한국인들의 피해 역시 한일협정 이후에도 개인청구권으로 해결할 수 있다는 해석이 가능한 것이다.

일본 외무성 기밀문서에서와 같이, 1965년 당시에는 일본은 자국 내의 필요성에서 청구권협정에서 소멸된 것은 외교보호권만이라는 입장을 견지했던 것으로 보인다. 그러나 1990년대에 들어오면서, 냉전체제의 붕괴와 그 속에 봉인돼 있던 과거사에 대한 일본의 책임문제가 제기되기 시작하면서 일본군 '위안부' 피해자를 비롯한 한국인 피해자들의 피해 구제 요구도 강력하게 제기되고, 국제사회도 그 요구에 호응하여 일본 정부를 압박하게 되자, 일본 정

45) 박배근(2006), 앞의 논문, 340쪽.

46) "일 외무성문서, 한일협정과 개인청구권 무관", 《연합뉴스》(2010. 3. 14).

부는 개인의 청구권이 "존재할 수 있다"[47]는 것을 적극적으로 인정하고, 청구권은 "'재산, 권리 및 이익'에 해당하지 않는, 법률적 근거의 유무 자체가 문제가 되고 있다고 하는 클레임을 제기하는 지위"[48]라고 청구권의 의미를 구체적으로 제시하고, 청구권의 실현 여부에 대해서는 "재판소의 판단"[49]에 맡겨서 결정할 문제라고 해석하게 되었다.[50]

그러나 2000년대 이래 일본 국내 하급심을 중심으로 '시효'와 '국가무책임의 법리'를 배제하는 판결들이 나오기 시작하고, 미국과 한국의 법정에 한국인 피해자들이 소송을 제기하여 일본에 대해 압박을 가하게 되자, 일본 정부는 "한국 국민이 이 '청구권'에 기초하여 우리나라에 청구를 하더라도, 우리나라는 그에 응할 법적인 의무가 없다"는 새로운 해석을 내놓게 되었다. 이것은 당시 미국 캘리포니아 주에서는 '시효'를 배제하는 관련 입법이 성립된 데다, '국가무책임의 법리'라는 일본의 특수한 주장이 미국의 법원에서 이해를 얻기는 어려웠기 때문[51]으로 보인다.

---

47) 1993년 5월 26일, 일본 국회 중의원 『예산위원회회의록』, 제26호, 37쪽; 단바[丹波] 외무성 조약국장의 답변 참조.

48) 1993년 5월 26일, 일본 국회 중의원 『예산위원회회의록』, 제26호, 36쪽; 단바 외무성 조약국장의 답변 참조.

49) 1992년 3월 9일, 일본 국회 중의원 『예산위원회회의록』, 제15호, 11쪽; 구도[工藤敦夫] 내각법제국장관의 답변 참조.

50) 일본 정부의 이러한 입장은 피해자들의 거듭되는 추궁의 결과이기도 하지만, 한편으로는 일본 정부의 '시효'와 '국가무책임의 법리'를 동원한 항변을 받아들여 원고 패소의 판결을 내리고 있던 일본의 재판소를 일본 정부가 믿은 결과라고 할 수 있다. 김창록(2007), 「일본에서의 대일과거청산소송 – 한국인들에 의한 소송을 중심으로」, 『법사학연구』, 제35호, 340~345쪽.

51) 김창록(2010. 9), 앞의 논문, 345~348쪽.

2) 한국 정부의 해석

한국 정부는 1965년 당시에는 청구권협정에 의해 한국인의 권리는 "모두 완전히 그리고 최종적으로 소멸한 것이 된다"[52]는 해석을 했던 것으로 보인다. 그러나 1990년대 초부터 일본군'위안부' 문제를 중심으로 한 과거 청산 문제가 심각하게 제기되면서, 한국 정부는 '청구권협정'에 의해 소멸된 것은 외교보호권만이며, 개인의 청구권은 소멸되지 않았다고 주장하게 되었다.[53]

2000년대 이래 일본군'위안부' 문제와 사할린동포, 원폭피해자 문제 등 일본 정부 · 군 등의 국가권력이 관여한 반인도적 불법행위에 대해서는 청구권협정에 의하여 해결된 것으로 볼 수 없고, 일본 정부의 법적 책임이 남아 있는 것으로 보고 있다. 특히 2010년 3월 15일 한일협정 체결을 전후한 일본 외무성 기밀문서 공개 당시 외교통상부 김영선 내변인은 정례브리핑[54]을 통해 "군대위안부와 사할린 한인, 원폭피해자 문제는 당시 회담에서 논의되지 않았던 사항으로 청구권협정 적용대상에서 제외되어 개인청구권이 유효하다"는 입장을 재확인하였다.

3. 2005년 한국 정부 민관공동위원회의 결정

2005년 8월 26일 당시 이해찬 국무총리가 주재한 한일회담 문서공개 후속대책 관련 민관공동위원회가 발표한 한일청구권협정의 효력범위문제 및 이에

52) 대한민국정부(1965), 『대한민국과 일본국 간의 조약 및 해설』, 84쪽.

53) 제156회 국회, 『국회본회의회의록 제7호』(1991. 10. 11), 154쪽. 이상옥 외무부장관의 발언; 제177회 국회, 『통일외무위원회회의록 제3호』(1995. 9. 20), 65쪽. 공노명 외무장관의 발언; 제187회 국회(폐회중), 『통일외무위원회회의록 제1호』, 27쪽. 유종하 외무부장관의 발언 등 참조.

54) "정부 "日에 '군대위안부' 법적 책임 추궁"", 《연합뉴스》(2010. 3. 15).

따른 정부대책방향 관련 최종적인 견해로 주요내용은 다음과 같다.

가. 한일청구권협정은 기본적으로 일본의 식민지배 배상을 청구하기 위한 것이 아니었고, 샌프란시스코조약 제4조에 근거하여 한일 양국 간 재정적 · 민사적 채권 · 채무관계를 해결하기 위한 것이었다.

나. 일본군'위안부' 문제 등 일본 정부 · 군 등 국가권력이 관여한 반인도적 불법행위에 대해서는 청구권협정에 의하여 해결된 것으로 볼 수 없고, 일본 정부의 법적 책임이 남아 있다.

다. 사할린동포, 원폭피해자 문제도 한일청구권협정 대상에 포함되지 않았다.

라. 한일협정 당시 한국 정부는 일본 정부가 강제동원의 법적 배상보상을 인정하지 않음에 따라 '고통받은 역사적 피해사실'에 근거하여 정치적 차원에서 보상을 요구하였으며, 이러한 요구가 양국 간 무상자금 산정에 반영되었다.

마. 청구권협정을 통하여 일본으로부터 받은 무상 3억 불은 '개인재산권(보험, 예금 등), 조선총독부의 대일채권 등 한국 정부가 국가로서 갖는 청구권, 강제동원 피해보상 문제 해결 성격의 자금 등'이 포괄적으로 감안되어 있다.

바. 청구권협정은 청구권 각 항목별 금액결정이 아니라 정치협상을 통한 총액 결정방식으로 타결되었기 때문에 각 항목별 수령금액을 추정하기 곤란하지만, 한국 정부는 수령한 무상자금 중 상당금액을 강제동원 피해자의 구제에 사용하여야 할 도의적 책임이 있다고 판단된다.

사. 한국 정부는 일제 강점하 반인도적 불법행위에 대해서는 외교적 대응방안을 지속적으로 강구해나가며, 일본군'위안부' 문제에 관해서는 UN 인권위원회 등 국제기구를 통하여 문제제기를 계속한다.

상기의 해석은 한일청구권협정과 관련하여 법적 책임과 도의적 책임을 구분하여 피해자의 권리를 분명하게 인정했다는 점과, 일본군'위안부' 문제와 사할린동포, 원폭피해자 문제 등 일본 정부 · 군 등 국가권력이 관여한 반인도적 불법행위에 대해서는 한일청구권협정에 의하여 해결된 것으로 볼 수 없고, 일본 정부의 법적 책임이 남아 있는 것으로 정리하고 있다는 점에서 의의가 있다고 하겠다.[55)]

한편, 이와 관련하여 다음과 같은 비판이 제기되어 있다. 첫째, 국무총리를 포함한 2명의 공동위원장, 9명의 정부위원, 10명의 민간위원으로 구성된 '민관공동위원회'의 형식과 정리의견의 법적지위, 둘째, 몇 항목을 제외하고는 "이미 이행된(executed)" 조약이라는 입장, 셋째, '총액결정방식', 즉 일괄타결방식에 기초한 외교적 보호권 행사의 규율을 분명히 하면서, 이러한 방식의 국제법적 유효성을 수용하고 있는 점, 넷째, 일본으로부터 수령한 무상자금 중 상당금액을 강제동원 피해자의 구제에 사용하여야 할 도의적 책임을 제대로 이행하지 않은 한국 정부가 "도의적 · 원호적 차원과 국민통합적 측면"에서 정부지원대책을 마련하기로 한 것 등이다. 이것은 그동안 대외적 관계에서 일본 정부에 대해 그토록 법적 책임을 추궁해 온 한국 정부가 강제동원 피해자들과의 대내적인 관계에서는 자신의 법적 책임은 회피하면서 도의적 · 윤리적 차원에서 "은급적 구제"를 언급하고 있다는 점에서, 일본 정부의 논법과 매우 흡사하다는 비판인 것이다.[56)]

55) 헌법재판소도 2011년 8월 30일 일본군'위안부' 관련 한일청구권협정 제3조 부작위 위헌확인 결정에서 우리 정부가 2005년 8월 26일 '민관공동위원회'의 결정을 통해 밝힌 입장을 인용하고 있다. 헌재 2011.08.30. 2006헌마788, 공보 제179호, 1285 참조.

56) 이근관(2010. 6. 9), 「1910년 한일강제병탄조약의 무효, 불법성과 일본의 국가책임」, 『1910년 국치 100 역사 NGOs 학술포럼』, 98~99쪽.

4. 2006년 UN ILC의 외교보호초안 채택

한일청구권협정상의 개인청구권의 존부와 관련하여 주목할 만한 점은 2006년 58회기에서 유엔 국제법위원회(ILC)에서 심의되고 그 초안(Draft article on Diplomatic Protection)이 채택된 외교적 보호제도에 대한 논의다. ILC 외교보호초안은 ILC 국가책임초안 제44조의 이행입법에 해당하는 것으로, ICJ는 이를 바로 인용하여 2007년의 Case concerning Ahmadou sadio Diallo[57]에서 국제법이 수십 년간 개인에게 권리를 부여하는 방향으로 크게 발전하여 옴으로써 원래는 외국인대우의 최소기준의 위반으로 주장되는 행위에 국한된 외교보호 내용이 그 후 '특히' 국제적으로 보장되는 '인권'을 포함하도록 확대되었다고 언급하고 있다.[58]

국제법상 '외교적 보호'는 개인이 국제법상 청구권이 인정되지 않는 현실에서 자국민의 개인적 피해를 국가의 피해로 간주하여 외국을 상대로 국제적 책임(international responsibility)을 추궁하기 위한 수단으로 활용되어 왔다. 그러나 외교적 보호제도는 2006년 ILC 외교보호초안 채택에서 보이는 바와 같이 국제사회에서 계속적인 상호의존의 증대, 인권보호체제의 발달, 그리고 개인의 국제법주체성을 제고하려는 시도 등에 따라서 중요한 변화가 야기되어 온 것이다.[59] 주지하다시피 "어느 한 시민에게 불리한 대우를 한 자는 그 시민을

57) 김대순(2007. 8), 「외교보호의 제쟁점-2006년 ILC 외교보호초안을 중심으로」, 『법학연구』, 제48권 제1호, 204~205쪽 참조.

58) 김대순(2011), 『국제법론』, 제16판, 삼영사, 655~656쪽.

59) 김부찬(2005. 2), 「국제법상 개인의 청구권과 외교적 보호」, 『평화연구』, 제15권 제2호, 75쪽; 이와 관련하여 외교적 보호권에 대한 이론적 하자와 관행상의 위기 등 비판적 고찰을 제기하고 있는 견해로는 김석호(2007. 5), 「외교적 보호권에 대한 새로운 비판적 고찰」, 『법학연구』, 제26집, 407~434쪽; 김창록(2009. 10), 「일본군'위안부'

보호하여야 할 국가에게 간접적으로 피해를 입힌 것"이라고 주장한 바텔(E. Vattel)의 의제[60]에 기원을 두고 있는 전통적 제도로서의 외교적 보호[61]는 일제시대에 일본 정부에 의해 강제노역에 징용되거나 일본군'위안부'로 동원된 피해자들이 일본에 대해 국제책임을 추궁하는 문제가 아직도 미해결의 과제로 남아 있는바, 이는 한국 정부의 자국민에 대한 외교적 보호와 깊이 관련된 문제이기도 한 것이다.[62]

그러한 전제에서 ILC 외교보호초안 제19조[63]가 갖는 국제법상의 함의는 매우 중요하다 하겠다.

헌법소원」, 『법학논고』, 제31집, 341~344쪽 참조.

60) "Whoever ill-treats a citizen indirectly injuries the state, which must protect that citizen. The sovereign of the injured citizen must avenge the deed and, if possible, force the aggressor to give full satisfaction or punish him, ……." Emmerich de Vattel, *The Law of Nations or the Principles of Natural Law: Applied to the Conduct and Affairs of Nations and Sovereigns*, vol. Ⅲ(1758, English translation by Charles G. Fenwick, Washington, Carnegie Institution, 1916), chap. Ⅵ, p. 136; United Nations, Report of the International Law Commission on the work of its fifty-eighth session, 1 May-9 June and 3 July-11 August 2006, UN Doc. A/61/10(2006), p. 25.

61) 김부찬(2001. 12), 「국제관습법상 외교적 보호제도에 관한 고찰」, 『법학연구』, 제42권 제1호, 77~104쪽; 김성준(2001. 8), 「국제법상 개인의 청구권」, 『국제법평론』, 제15호, 1~16쪽; 이진규(2011. 3), 「외교적 보호제도의 현대적 해석-개인의 권리 및 인권 보호적 성격에 주목하며」, 『국제법학회논총』, 제56권 제1호, 117~140쪽.

62) 김부찬(2012. 12), 앞의 논문, 75쪽.

63) *Article 19 Recommended practice*: A State entitled to exercise diplomatic protection according to the present draft articles, should: (a) Give due consideration to the possibility of exercising diplomatic protection, especially when a significant injury has occurred; (b) Take into account, wherever feasible, the views of injured persons with regard to resort to diplomatic protection and the reparation to be sought; and (c) Transfer to the injured person any compensation obtained for the injury from the responsible State subject to any reasonable deductions.

제19조 (권고적 관행)

이 조문 초안에 따라 외교적 보호를 행사할 권리를 가지는 국가는

(a) 특히 중대한 피해가 발생했을 때, 외교적 보호의 행사 가능성을 충분히 고려해야 하며,

(b) 가능한 모든 경우에 있어서, 외교적 보호에의 호소 및 청구될 배상에 관한 피해자들의 견해를 고려해야 하며,

(c) 피해에 대해 책임이 있는 국가로부터 얻은 손해배상금을 합리적인 공제액을 제외하고 피해자에게 이전해야 한다.

그리고 위 초안의 주석에 따르면, 이들 관행은 이미 관습국제법(customary international law)이거나 적어도 점진적인 발전과정에 있는 실행(an exercise in progressive development)[64]으로 볼 수 있을 것이다.

이와 관련하여 우리 헌법재판소는 2011년 8월 30일 '한일청구권협정 제3조 부작위 위헌확인 결정'[65]에서 2006년 유엔 국제법위원회에서 채택되고 총회에 제출된 '외교적 보호에 관한 조문 초안'의 제19조에서도, 외교적 보호를 행사할 권리를 가진 국가는 중대한 피해가 발생했을 경우에 특히 외교적 보호의 행사가능성을 적절히 고려하여야 하고, 가능한 한 모든 경우에서 외교적 보호에 호소 및 청구될 배상에 관한 피해자들의 견해를 고려해야 함을 권고적 관행으로 명시하고 있음을 인용하고 있다는 점에서 시사하는 바가 크다 하겠다.

---

64) "Draft articles on Diplomatic Protection with Commentaries 2006," pp. 97~100.

65) 헌재 2011.08.30, 2006헌마788, 공보 제179호, 1285.

5. 2011년 헌법재판소의 부작위위헌 결정

헌법재판소는 2011년 8월 30일 일본군'위안부' 피해자들의 기본권 침해와 관련된 한일청구권협정상의 배상청구권에 대하여 역사적인 결정을 내렸다. 헌법재판소가 내린 '대한민국과 일본국 간의 재산 및 청구권에 관한 문제의 해결과 경제협력에 관한 협정 제3조 부작위 위헌확인 결정'의 요지[66]는 다음과 같다.

헌법 전문, 제2조 제2항, 헌법 제10조와 한일청구권협정 제3조의 규정상, 피청구인인 우리 정부가 동 협정 제3조에 따라 분쟁해결의 절차로 나아갈 의무는 일본국에 의해 자행된 조직적이고 지속적인 불법행위에 의하여 인간의 존엄과 가치를 심각하게 훼손당한 우리 국민들이 배상청구권을 실현하도록 협력하고 보호하여야 할 헌법적 요청에 의한 것으로서, 그 의무의 이행이 없으면 청구인들의 기본권이 중대하게 침해될 가능성이 있으므로, 피청구인의 작위의무는 헌법에서 유래하는 작위의무로서 그것이 법령에 구체적으로 규정되어 있는 경우라고 해석하였다.

특히, 우리 정부가 직접 일본군'위안부' 피해자들의 기본권을 침해하는 행위를 한 것은 아니지만, 일본에 대한 배상청구권의 실현 및 인간으로서의 존엄과 가치 회복에 대한 장애상태가 초래된 것은 우리 정부가 한일청구권협정상의 청구권에 대한 내용을 명확히 하지 않고 '모든 청구권'[67]이라는 포괄적인 개념을 사용하여 이 사건 협정을 체결한 것에도 책임이 있다는 점에 주목한다면, 그 장애상태를 제거하는 행위로 나아가야 할 구체적 의무가 있음을

66) 헌재 2011.08.30, 2006헌마788, 헌재 결정문 요지 참조.

67) 한일청구권협정 제2조 제3항 및 합의의사록(Ⅰ) 제2항 (g) 등에 포괄적인 개념으로 규정되어 있다.

강조하였다.

한일청구권협정 제3조상의 분쟁해결절차로 나아가지 않은 피청구인의 부작위가 청구인들의 기본권을 침해하여 위헌인지 여부의 기준으로는, 첫째, 침해되는 기본권의 중대성, 둘째, 기본권 침해 위험의 절박성, 셋째, 기본권의 구제가능성, 넷째, 작위로 나아갈 경우 진정한 국익에 반하는지 여부 등을 종합적으로 고려하여, 국가기관의 기본권 기속성에 합당한 재량권 행사 범위 내로 볼 수 있을 것인지 여부에 따라 결정된다.

그러한 기준의 구체적 논거로 첫째, 일본국에 의하여 광범위하게 자행된 반인도적 범죄행위에 대하여 일본군'위안부' 피해자들이 일본에 대하여 가지는 배상청구권은 헌법상 보장되는 재산권일 뿐만 아니라, 그 배상청구권의 실현은 무자비하고 지속적으로 침해된 인간으로서의 존엄과 가치 및 신체의 자유를 사후적으로 회복한다는 의미를 가지는 것이므로 피청구인의 부작위로 인하여 침해되는 기본권이 매우 중대하다. 둘째, 일본군'위안부' 피해자는 모두 고령으로서, 더 이상 시간을 지체할 경우 일본군'위안부' 피해자의 배상청구권을 실현하여 '역사적 정의'를 바로세우고 침해된 인간의 존엄과 가치를 회복하는 것은 영원히 불가능해질 수 있으므로, 기본권 침해 구제의 절박성이 인정된다. 셋째, 한일청구권협정의 체결 경위 및 그 전후의 상황, 일련의 국내외적인 움직임을 종합해볼 때 구제가능성이 결코 작다고 할 수 없다. 넷째, 국제정세에 대한 이해를 바탕으로 한 전략적 선택이 요구되는 외교행위의 특성을 고려한다고 하더라도, 피청구인이 부작위의 이유로 내세우는 '소모적인 법적 논쟁으로의 발전가능성'이나 '외교관계의 불편'이라는 매우 불분명하고 추상적인 사유를 들어, 기본권 침해의 중대한 위험에 직면한 청구인들에 대한 구제를 외면하는 타당한 사유라거나 진지하게 고려되어야 할 국익이라고 보기는 힘들다는 등의 논거를 제시하고 있다.

상기의 내용을 종합하면, 결국 한일청구권협정 제3조에 의한 분쟁해결절차로 나아가는 것만이 국가기관의 기본권 기속성에 합당한 재량권 행사이자, 피청구인의 부작위로 인하여 청구인들에게 중대한 기본권의 침해를 초래한 것이므로, 이는 곧 우리 헌법에 위반된다는 것이 헌법재판소의 결정이다.

V. 맺음말

한일강제병합 자체가 합법이라는 인식에서 출발하고 있는 일본 정부의 입장은 한일강제병합에 따른 일제강점기의 문제를 해소하고 한일 간 기본관계의 수립과 정상화를 위해 체결된 1965년 한일협정에 그대로 투영됨으로써 오늘날 한일 간 현안문제로 노정되고 있다.

환언하면, 한일청구권협정의 본질적 성격으로서, 원천무효로 규명된 '강제병합조약'을 전제로 한 불법강점과 일제 식민통치에 대한 청산, 즉 전후배상문제를 도외시한 채 경제협력이라는 내용으로 변질됨으로써, 청구권협정을 통해 해소해야 할 문제들이 미해결로 남게 되었으며, 협상 당시 논의되지 못한 일본군'위안부' 피해자들을 비롯하여 구제받지 못한 피해당사자들의 개인청구권이 논란이 되고 있는 것이다.

그런데 일본 정부는 한일청구권협정 제2조 제1항을 불법강점에 의한 식민지지배 기간 중에 발생한 모든 불법행위가 해결된 근거로 주장하면서 법적 책임을 부인해오고 있다. 즉, 일본은 한일청구권협정이 한일 양국 간의 과거 식민지 청산 및 새로운 국교정상화 차원에서 체결된 것이므로 재산적 가치가 있는 일체의 청구권이 동 협정으로 완전히 최종적으로 해결되었다는 주장[68]을 견지하고 있으나, 이에 대해서는 다음과 같은 비판을 제시할 수 있을 것이다.

첫째, 한일청구권협정 제2조 제3항에 의해 최종적으로 소멸한 것은 국가의 외교적 보호권이며 국가가 개인의 청구권까지 포기할 수 없으므로 개인의 청구권은 계속 유효하다.[69] 더욱이 2006년 UN 국제법위원회 58회기에서 채택된 '외교보호에 관한 규정초안'에서는 개인에 대한 침해를 국제법상 소속국가에 대한 침해로 보던 시각 자체가 허구 또는 의제에 불과하며, 국가 간의 우호를 위해 개인의 희생을 강요해선 안 된다는 것으로 국제법상의 중요한 변화를 지적할 수 있다.

둘째, 한일청구권협정은 불법행위로 인한 손해배상 청구권문제[70]는 해결하지 않았다. 청구권협정은 1910년 한일병합조약이 적법하다는 묵시적 전제하에 체결되었기 때문에, 과거 불법적인 식민지 지배기간 중 한국 또는 한국

68) 일본 정부는 그 논거로서 첫째, 양 체약국 및 그 국민의 재산, 권리 및 이익과 양 체약국 및 그 국민 간의 청구권에 관한 문제가 완전히 그리고 최종적으로 해결되었다는 확인조항(한일청구권협정 제2조 제1항)을 제시한다. 둘째, 일방 체약국 및 그 국민의 타방체약국 및 그 국민에 대한 모든 청구권으로서 협정 서명일 이전에 발생한 사유에 기인하는 것에 관하여는 어떠한 주장도 할 수 없다는 청구권 포기조항(동 협정 제2조 제3항)을 제시한다. 셋째, 당시 한국 측이 제기한 이른바 대일청구요강 8개 항목은 하나의 구체적 예시에 불과한 것임에도 그 모든 것들을 포괄하여 완전히 최종적으로 해결된 것으로 해석(동 협정 합의의사록 제2조 g항)했고, 넷째, 기타 보상문제 관련 별도의 명문으로 유보되어 있지 않은 점을 논거로 제시하고 있다.

69) 이장희(1998), 「일본의 전쟁책임에 대한 법적 청산」, 『한일 간의 국제법적 현안문제』, 아시아사회과학연구원, 57쪽.

70) 한일청구권협정 합의의사록(I) 제2항의 경우, 청구권에 관한 문제에는 한일회담에서 한국 측으로부터 제출된 "한국의 대일 청구 요강"(이른바 8개 항목)의 범위에 속하는 모든 청구가 포함되어 있고, 따라서 동 대일청구요강에 관하여는 어떠한 주장도 할 수 없게 됨을 확인하는 것으로 규정하고 있으나, 8개 항목의 청구권 내용 역시 일본국의 전쟁범죄나 반인도적 범죄와 관련된 민·형사책임을 추궁하는 것은 포함되지 않았다. 원용석(1965), 『한일회담14년』, 삼화출판사, 58~75쪽; 이동원(1992), 『대통령을 그리며』, 고려원, 253~273쪽.

인이 입은 일체의 손해배상이 배제된 채 손실보상 차원에서 식민지로부터의 독립 후 영토 분리에서 오는 재정상 및 민사상의 청구권에 한정하고 있다.[71] 따라서 2010년 한일 양국 지식인에 의해 천명된 "1910년 한일병합조약의 원천무효"라는 공동성명은 일제식민지배의 불법성과 동 기간 중 불법행위에 대한 배상을 전혀 논의되지 않았음을 웅변으로 보여주고 있는 것이다.[72]

셋째, 일본군'위안부' 문제는 일본 정부와 군의 조직적이고 반인도적 전쟁범죄[73]로서 협정체결 당시 협정의 본질적 부분이 되었어야 했는데도 교섭당사자 간에 전혀 그 해결을 의도하지 못한 경우에 해당하므로 '1969년 조약법에 관한 비엔나협약' 제62조상의 사정변경의 원칙에 의한 조약의 종료사유에 해당한다. 1991년 8월 김학순 할머니의 증언을 시작으로 일본군'위안부' 문제에 대한 새로운 발견은 여성을 성적 노예화한 인간성 파괴행위이자 중대한 인권침해이므로 조약에 대한 동의의 본질을 형성하는 것이자, 근본적인 사정

71) 한일청구권협정은 인권침해에 대한 손해배상책임과 국제범죄행위에 대한 형사책임은 전혀 포함되지 않은 것이므로 일본이 전쟁기간 중 대표적 반인권 침해범죄 중의 하나인 일본군'위안부'의 인권침해에 대한 민사배상책임과 그에 대한 국제형사책임은 여전히 유효한 것이다. 1968년 11월 26일 UN총회가 채택한 '전시범죄 및 인도에 대한 죄의 시효부적용에 관한 협약' 참조.

72) 식민지배와 관련한 국제협정의 최근 사례로는 이탈리아 · 리비아 우호조약이 있다. 2008년 8월 30일 이탈리아는 자국의 식민지배(1911~1943)로부터 고통을 당한 리비아와 식민지배에 대한 공식사과로 50억 달러 투자형식의 배상금 지불과 약탈문화재 반환을 내용으로 식민지 과거사를 마감하는 우호조약에 합의하였다.

73) 《동아일보》(1992. 1. 11), 1면; 일본 주오[中央]대학 요시미 요시아키[吉見義明] 교수(일본현대사)가 당시 육군성과 중국에 파견돼 있던 부대 사이에 교환된 극비문서철 '陸支密大日誌' 등의 자료 가운데서 발견한 것으로, 중일전쟁 및 태평양전쟁 당시 일본군이 '위안소'의 설치와 일본군'위안부'의 모집 등을 지시 · 감독 · 통제했다는 사실을 보여주는 '통첩'과 '진중일지' 등 당시 자료가 일본방위청방위연구소 도서관에 소장돼 있었던 것으로 밝혀졌다. 吉見義明 編(1992), 『從軍慰安婦資料集』, 東京: 大月書店; 吉見義明 著(1995), 『從軍慰安婦』, 東京: 岩波書店 참조.

의 변경을 발생시키는 것이다.[74)]

넷째, 샌프란시스코강화조약과의 관계에 관하여 논의한 바와 같이, 한일협정 체제를 샌프란시스코체제의 하위체제로 전제하는 경우에도 샌프란시스코강화조약의 비당사국이므로, 조약의 제3자적 효력에 입각하여 대일청구권 행사의 법적 근거를 샌프란시스코강화조약 제14조(손해배상)상의 배상청구권을 배제한 채 제4조(손실보상)상의 보상청구권으로 한정해야 하는 것은 아니며, 원천무효인 '강제병합조약'을 근거로 한 불법강점과 일제 식민지배의 문제를 해소하기 위해 체결한 한일청구권협정은 불법적인 일제 식민지배 동안 일본이 한국과 한국인에 가한 불법행위에 대한 배상청구권을 전제로 하여야 한다.

다섯째, 국제선례로서 독 · 불 간 포괄보상협정 체결 후 프랑스에서 국내사정의 변경을 이유로 독일에 추가보상을 요구한 예가 있다. 독일은 프랑스와 1960년 7월 15일에 '독불 간 나치 피해 · 박해조치로 피해를 입은 프랑스 국민을 위한 지불에 관한 조약'을 체결하고 4억 마르크를 지급했다. 동 조약 제3조에도 나치 박해로 자유 또는 신체상의 피해를 입은 프랑스인 또는 그 유족에 대한 모든 청구권을 완전히 해결한다는 취지의 완결규정을 두었다. 그런데도 프랑스가 독일에 '강제징집자' 등에 대하여 추가보상을 요구하자 독일은 1981년 3월 13일 '독 · 불이해증진 명목으로', '독불이해증진재단에 대한 출연조약'을 체결하여 2억 5천만 마르크를 동 재단에 출연하였다. 또한 최근

74) 《동아일보》(1992. 6. 24), 1면; 김용식 전 외무부장관은 "회담과정에서 배상문제는 다루지 않았기 때문에 지금이라도 배상문제에 대한 협상재개를 일본 측에 당연히 요구할 수 있다"고 주장했다. 그는 일본 정부의 한일기본조약이 일괄타결됐다는 입장에도 불구하고 배상이 실제로 이루어지지 않았음을 나타내주는 증거로 배상을 했다고 하면 일본이 일본군위안부 등에 대한 불법행위를 인정했다는 것을 전제로 하는데 지금까지 이를 공식인정한 사실이 없고, 한국 정부가 일본으로부터 받은 무상 3억 달러, 유상 2억 달러 중 일부라도 일본군위안부 등 피해자들에게 나눠 준 일이 없다는 점 등을 들었다.

2008년 8월 30일 이탈리아의 식민지배(1911~1943)로부터 고통을 당한 리비아도 식민지배에 대한 공식 사과로 50억 불 투자형식의 배상금 지불과 약탈문화재 반환을 내용으로 식민지 과거사를 마감하는 우호조약에 합의하였다. 따라서 정부는 1965년 한일청구권협정에 대한 추가적인 손해배상 관련 협정체결을 요구할 수 있을 것이다.[75]

여섯째, 주요 국제법률가협회 및 UN 인권위원회도 일본군 '위안부' 피해자들의 인권침해에 대한 일본의 국가책임을 주장하고 있다. 1994년 11월 22일 국제법률가협회(ICJ: International Commission of Jurists)는 그 최종보고서에서 일본의 법적 책임과 배상의무에 대한 상기 법적 논거를 모두 인정하였다.[76] 특히 국제법률가회의는 일본 정부가 전쟁범죄와 인도에 반하는 범죄를 저지른 범법자를 처벌하지 않은 책임에 대해 배상의 의무가 있음을 지적했다. 또한 UN 인권위원회에 제출된 여성폭력문제 특별보고관인 쿠마라스와미(Radhika Coomaraswamy) 위원(1996)과 맥두걸(Gay J. McDougall) 위원(1998)의 일본군 '위안부' 보고서도 '군사적 목적에 의한 제도적 성폭행 피해자'이자 '무력충돌 중의 체계적 강간, 성노예와 노예제나 다름없는 관행'으로 표현하고, 이는 반인도범죄[77]인 동시에 노예제도를 금지한 국제관습법을 위반한 행위[78]라고 규정했다. 동 보고서는 일본이 '위안부' 피해자에 대해 사죄, 국가배상, 가해자 전원처벌 및 역사교과서에 기술할 것을 권고했다. 또한 2007년 미국 · 네덜란드 ·

75) 이장희(1998), 앞의 논문, 59쪽.

76) International Commission of Jurists(November 1994), *Comfort Women, Report of a Mission*, Geneva, Switzerland, pp. 155~182.

77) 뉘른베르크 국제군사재판소 조례(1945. 8. 8) 제6조 (c); 동경군사재판소 조례(1946. 1. 19) 제5조.

78) 일본이 1932년에 비준한 ILO협약 제29호, 즉 강제노동규약(1930. 6. 28)의 위반인 성노예에 해당한다.

캐나다 · EU 의회의 결의안과 2008년 UN B규약 인권위원회에서도 일본군 '위안부' 문제의 법적 책임을 인정하고, 피해자 다수가 인정할 수 있는 형태로 사죄할 것을 권고하였다.[79]

일곱째, 2011년 8월 30일 헌법재판소가 부작위 위헌 결정의 근거로 제시한 바와 같이 한일청구권협정 제3조는 본 협정의 실시 및 해석상 분쟁이 있는 경우 외교상의 해결과 중재위원회에 의한 해결방안을 규정하고 있다. 우선 정부는 정식으로 일본 당국에 1996년 4월 19일 이래 제시된 UN 인권위원회 권고사항 등을 수락할 것을 요구하고, 해결이 되지 않은 경우 중재위원회 회부,[80] UN을 비롯한 국제사회에서의 이슈화 등 다각적인 방안을 강구해야 할 것이다.

따라서 일본 정부는 한일강제병합 100년사와 한일협정 50년사에 즈음한 시점에서 과거 식민주의의 잘못된 역사에 대한 부인이 역사적 정의에 대한 부정이자 평화에 대한 거부임을 인식해야 한다. 일본 정부는 인류의 보편적 정의와 양심으로 역사갈등의 본질적 문제의 해결에 나섬으로써, 평화를 지향하는 국제사회 공동체의 일원으로 거듭나야 할 것이다. 2010년 한일강제병합 100년이 '역사적 정의 구현'의 원년이었다면, 2015년 한일협정 반세기를 앞둔 오늘은 '진정한 역사화해 구축'의 원년이 되기를 기원한다.[81]

79) See-hwan Doh(2008. 12. 12), "Comfort Women," *Korea Times*, p. 7; 도시환(2008. 12), 앞의 논문, 41~68쪽 참조.

80) 이장희(1998), 앞의 논문, 60쪽.

81) See-hwan Doh(2010. 8. 31), "1910 Annexation and Remaining Task," *Korea Times*, p. 9.

고려대학교 아세아문제연구소 일본연구실 편(1976), 「한일 간 조약과 제협정 비준동의안 심사특별위원회 회의록」(1965. 8. 3-11), 『한일관계자료집〈제1집〉』, 고려대학교출판부.

김대순(2007. 8), 「외교보호의 제쟁점-2006년 ILC 외교보호초안을 중심으로」, 『법학연구』, 제48권 제1호.

김대순(2011), 『국제법론』(제16판), 삼영사.

김부찬(2001. 12), 「국제관습법상 외교적 보호제도에 관한 고찰」, 『법학연구』, 제42권 제1호.

김부찬(2005. 2), 「국제법상 개인의 청구권과 외교적 보호」, 『평화연구』, 제15권 제2호.

김석호(2007. 5), 「외교적 보호권에 대한 새로운 비판적 고찰」, 『법학연구』, 제26집.

김성준(2001. 8), 「국제법상 개인의 청구권」, 『국제법평론』, 제15호.

김영미(2008. 12), 「국익으로 동원된 개인의 권리-한일회담과 개인보상문제」, 『동북아역사논총』, 제22호.

김창록(2007), 「일본에서의 대일과거청산소송-한국인들에 의한 소송을 중심으로」, 『법사학연구』, 제35호.

김창록(2009), 「1965년 '한일조약'에 대한 법적 재검토」, 이태진 · 사사가와 노리가츠 공편, 『한국병합과 현대-역사적 국제법적 재검토』, 태학사.

김창록(2009. 10), 「일본군'위안부' 헌법소원」, 『법학논고』, 제31집.

김창록(2010. 9), 「1910년 한일조약에 대한 법사학적 재검토」, 『동북아역사논총』.

남기정(2008. 12), 「샌프란시스코평화조약과 한일관계-관대한 평화와 냉전의 상관성」, 『동북아역사논총』, 제22호.

대한민국 정부(1965), 『한일회담 백서』.

대한민국 정부(1965), 『대한민국과 일본국 간의 조약 및 해설』.

도시환(2007. 6. 29), "위안부 결의안 통과에 부쳐", 《중앙일보》.

도시환(2007. 8. 1), "日정부, 정의와 양심으로 국제사회에 응답해야", 《서울신문》.

도시환(2007. 11. 16), "세계로 확산되는 '위안부' 결의안 채택", 《한겨레신문》.

도시환(2007. 12. 6), "거스를 수 없는 위안부 결의 물결", 《경향신문》.

도시환(2008. 7. 19), "역사적 정의 부정하는 일본", 《한국일보》.

도시환(2008. 12), 「일본군 '위안부' 문제의 현황과 국제인권법적 재조명」, 『국제법학회논총』, 第53권 第3호.

도시환(2010. 2), 「1910년 한일병합조약의 국제법적 재조명」, 『외법논집』, 제34권 제1호.

도시환(2010. 12), 「1910년 '한일병합조약' 체결강제의 역사적 진실규명과 국제법적 조명」, 『국제법학회논총』, 제55권 제4호.

도시환(2011. 8. 12), 「한일청구권협정의 국제법적 재검토」, 『한일협정의 국제법적 문제점에 대한 재조명』, 한일강제병합 100년 역사와 과제 재조명 국제학술회의(동북아역사재단).

도시환(공저)(2011), 『1910년 한일병합조약의 역사적 · 국제법적 재조명』, 아시아사회과학연구원.

무샤코지 긴히데[武者小路公秀](2009. 6. 22), 「한일병합의 불법성과 역사적 교훈」, 『일본의 한국병합 효력에 대한 국제법적 재조명』, 동북아역사재단 국제학술회의.

박배근(2006), 「1965년 한일청구권협정과 개인의 청구권」, 『한일역사관련 국제법논문선집』, 동북아의 평화를 바른역사정립기획단.

원용석(1965), 『한일회담14년』, 삼화출판사.

이근관(2010. 6. 9), 「1910년 한일강제병탄조약의 무효, 불법성과 일본의 국가책임」, 『1910년 국치 100 역사 NGOs 학술포럼』.

이동원(1992), 『대통령을 그리며』, 고려원.

이장희(1998), 「일본의 전쟁책임에 대한 법적 청산」, 『한일 간의 국제법적 현안문제』, 아시아사회과학연구원.

이장희(공저)(2011), 『1910년 한일병합조약의 역사적 · 국제법적 재조명』, 아시아사회과학연구원.

이종원(1995), 「한일회담의 국제정치적 배경」, 『한일협정을 다시 본다-30주년을 맞이하여』, 아세아문화사.

이종원(2010. 8. 26), 「한일협정과 남겨진 과제」, 『1910년 한국강제병합, 그 역사와 과제』, 동북아역사재단 국제학술회의.

이진규(2011. 3), 「외교적 보호제도의 현대적 해석-개인의 권리 및 인권 보호적 성격에 주목하며」, 『국제법학회논총』, 제56권 제1호.
이현진(2008. 12), 「한일회담의 청구권 문제의 해결방식 – 경제협력 방식으로의 전환과정과 미국의 역할을 중심으로」, 『동북아역사논총』, 제22호.
정일영(1965), 「한일회담의 계쟁점」, 『한일회담 백서』, 대한민국 정부.
정재정(2006), 「한일국교정상화조약, 무엇이 문제인가」, 『한일관계 2천년: 근현대』, 경인문화사.
홍인숙(1995), 「한일회담에 대한 미 · 일의 구도와 대응」, 『역사비평』, 통권 30호(봄호).
헌재 2011.08.30, 2006헌마788, 공보 제179호.

谷田正躬 外2 編(1966), 『日韓條約と國內法の解說』(『時の法令』別册), 大藏省印刷局.
吉見義明 編(1992), 『從軍慰安婦資料集』, 東京: 大月書店.
吉見義明 著(1995), 『從軍慰安婦』, 東京: 岩波書店.
木宮正史(1995), 「1960年代における冷戰と經濟開發 – 日韓國交正常化とベトナム派兵を中心にして」, 『法學志林』, 第92巻 第4號.
武者小路公秀(2009. 6. 22), 「日韓「併合」の不法性と歷史的教訓」, 『일본의 한국병합 효력에 대한 국제법적 재조명』, 동북아역사재단 국제학술회의.
日本 大藏省印刷局(1966), 『日韓條約と國內法の解說』(『時の法令』別册), 東京: 大藏省印刷局.
日本衆議院(1965. 11. 5), 『日本國と大韓民國との間の條約及び協定等に關する特別委員會議錄第10號』.
日本衆議院(1992. 3. 9), 『豫算委員會會議錄第15號』.
日本衆議院(1993. 5. 26), 『豫算委員會會議錄第26號』.

Doh, See–hwan, "U.S. House Panel' Resolution 'Comfort Women'," *Korea Focus*, Vol. 15, No. 3(Autumn 2007).
Doh, See–hwan(2008. 12. 12), "Comfort Women," *Korea Times*.
Doh, See–hwan(2009. 7. 10), "1910 Annexation Treaty Invalid," *Korea Times*.
Doh, See–hwan(2011. 8. 31), "1910 Annexation and Remaining Task," *Korea Times*.
International Commission of Jurists(November 1994), *Comfort Women: Report*

of a Mission, Geneva, Switzerland.

Vattel, Emmerich de(1916), *The Law of Nations or the Principles of Natural Law: Applied to the Conduct and Affairs of Nations and Sovereigns*, Vol. Ⅲ (1758, English translation by Charles G. Fenwick, Washington, Carnegie Institution).

Viliger, Mark E.(2009), *Commentary on the 1969 Vienna Convention on the Law of Treaties*, Leiden/Boston: Martinus Nijhoff Publisher.

"1910 Korea–Japan Annexation Treaty Invalid," *Korea Times*(2010. 8. 12).

"Japan's history distortion hampers bilateral ties," *Korea Times*(2010. 8. 24).

UN ILC, Draft articles on Diplomatic Protection with Commentaries(2006), available at http://www.un.org/law/ilc.

United Nations, Report of the International Law Commission on the work of its fifty–eighth session, 1 May–9 June and 3 July–11 August 2006, UN Doc. A/61/10(2006).

한일문화재협정의 국제법적 검토

중앙대학교 법학전문대학원 교수 **제성호**

한일문화재협정의 국제법적 검토*

중앙대학교 법학전문대학원 교수 **제성호**

I. 머리말

근자에 우리 역사와 문화재에 대한 관심이 높아지고 있다. 일본의 역사교과서 왜곡과 독도 영유권 침탈 기도, 중국의 동북공정(東北工程)과 고구려 역사 훼손, 일본으로 유출됐던 북관대첩비의 북한 반환, 조선왕릉의 유네스코 문화유산 지정 요청 움직임 등이 그런 기회를 제공하고 있다고 볼 수 있다. 특히 2010년 11월 14일 APEC 정상회의를 계기로 열린 한일 정상회담에서 양국 외교장관 간에 한일도서협정의 서명,[1] 병인양요(丙寅洋擾) 때 프랑스가 약탈해

---

* 이 글은 제성호, 「한일 간 문화재 반환 문제에 관한 국제법적 고찰」, 『중앙법학』, 제11권 제2호(2009. 1)를 토대로, 2011년 8월 12일 동북아역사재단이 주최한 '한일협정의 국제법적 문제점에 대한 재조명' 국제학술회의에서 발표한 원고의 수정본임.

1) 한일 도서협정은 2011년 6월 10일 일본 정부가 각의 결정을 통해 일본 국내절차를 최종적으로 마무리함으로써 동 일자에 발효하였다. 이에 따라 2011년 중 일본 궁내청 황실도서관이 소장하고 있던 조선왕실의궤 등 1,205책이 조선총독부가 1922년 강탈 · 반출해 간 지 89년 만에 우리나라로 돌아올 것으로 보인다. "조선왕실의궤 이르면 다음

간 외규장각 도서의 145년 만의 귀환[2]은 불법 해외반출 문화재에 대한 국민적 관심을 고조시키는 데 결정적 역할을 하고 있다. 자연히 해외 소재 한국 기원 문화재의 반환에 대한 우리 국민의 요구도 강해지고 있다.

오늘날 나라마다 문화재 약탈과 파괴를 방지하기 위한 법과 제도를 정비하고 있고, 국제사회도 이에 관해 다양한 형태의 국제법 규범을 마련하고 있다. 하지만 지난날 불법적으로 유출·이전된 문화재를 기원국(출처국, 원소유국)으로 원상회복시키는 문제는 아직도 근본적인 해결의 기미를 보이지 않고 있다. 문화재 반환을 둘러싸고 반환 청구국과 문화재 보유국은 서로 다른 주장을 하며 접점을 찾지 못하고 있는 것이 엄연한 현실이기 때문이다.

역사적으로 볼 때 문화재가 가장 광범위하고 방대하게 불법 반출 내지 약탈된 것은 식민지 시대와 전쟁시기라 할 수 있다. 우리나라의 경우도 마찬가지다. 일제 식민통치기간(1910~1945)과 한국전쟁 등을 거치면서 수많은 문화재가 불법 반출 혹은 약탈당하거나 소실되었다. 특히 일제시대 조선총독부가 우리의 고귀한 문화재를 불법적으로 반출 내지 찬탈해간 것은 잘 알려진 사실이다. 그래서 광복 직후부터 일제가 불법 반출해간 우리 문화재의 반환을 위한 노력들이 간간히 있었으나, 가시적인 결실을 거두지는 못하였다. 한일 국교정상화회담의 결과 1965년 '대한민국과 일본국 간의 문화재 및 문화협력에 관한 협정(이하 '한일문화재협정'으로 약칭함)'이 체결되어 일본 소장 문화재가 일부 한국에 돌아왔으나, 그 해결은 극히 불만족스러운 것이었다. 더욱이 한일문화재협

달 조국에 귀환", 《연합뉴스》(2011. 4. 28); 외교통상부(2011. 6. 10), 「한일 도서협정 발효 관련 외교부 대변인 논평」, 『보도자료』, 제11-502호; 박상국(2010. 12. 17), 「일본 궁내청 도서 반환경과와 의의」, 문화재청, 『제6차 문화재환수협의회』, 세미나 발표 자료집, 35~42쪽 참조.

2) "외규장각 도서 귀환 환영행사 성대히 열려", 《조선일보》(2011. 6. 12) 참조.

정은 식민지 불법잔재의 청산 차원에서 문화재 반환을 추진하는 데 아주 미흡한 것이었다. 그러한 관점에서 한일문화재협정의 내용에 대한 국제법적 재조명은 향후 이 문제에 대한 정확한 이해와 더불어 보다 근원적인 해결책의 모색에 대하여 많은 시사점을 준다고 할 수 있다.

이 같은 문제의식 아래 이 글에서는 한일문화재협정의 내용과 문제점을 알아보고, 향후 재일 문화재의 추가 환수방안을 간단히 제시하기로 한다.

II. 한일 국교정상화와 문화재 반환 협상

1. 문화재 반환 문제를 둘러싼 한일 간의 대립

한국 정부는 1949년 대일 강화준비의 일환으로 기획처 산하에 대일배상청구위원회를 설치하여 배상청구자료를 수집하고 '대일배상요구조서'를 완성하였다. 그 내용은 1949년 3월 1일 현재 판명된 현물피해, 곧 지금(地金), 지은(地銀), 서적, 미술품 및 골동품, 선박, 지도원판 등 일본에 반환을 요구할 현물의 목록이었다. 정부는 이 조서를 동경의 연합군최고사령부(General Headquarters: GHQ)에 보냈고, 사령부는 장래 한일 간에 해결할 문제라고 답변하였다.[3] 이후 한일 양국은 1951~1965년의 제1~7차에 걸친 한일회담에서 문화재 반환 문제도 아울러 논의하기에 이르렀다.

제1~3차 한일회담에서 문화재 반환 문제는 재산 및 청구권의 틀 내에서

3) 국성하(2006), 「한일회담 문화재 반환협상 연구」, 『한국독립운동사연구』, 제25집, 371쪽.

논의가 이루어졌다. 제4차 한일회담에서는 문화재소위원회가 설치[4]되었지만, 가시적인 진전은 없었다. 제5차 한일회담부터 일본이 문화재 반환과 관련된 핵심원칙을 제시하는 등 실질적인 논의가 이루어지기 시작했다고 볼 수 있다.

제5차 한일회담(1960. 11~1961. 5)부터 한국 정부는 문화재 반환의 법적 타당성에 대해 일관되게 주장하였다. 즉, 제5차 한일회담 예비회담의 문화재소위원회-전문가회의를 필두로 하여, 제6차 한일회담(1961. 10. 20~1964. 4)의 문화재관계회의와 문화재소위원회 및 제7차 한일회담 (1964. 12. 3~1965. 6. 22)의 문화재위원회 회의를 통해 한국 측은 재일 한국 문화재 반환의 정당성을 지속적으로 역설하였다. 그러나 일본은 문화재 반환의 법적 근거가 없다는 식으로 이 문제에 대응하였다. 이때 일본 측은 한국 측에 대해 해당 문화재가 불법적이고도 부당한 수단으로 일본에 반입됐다는 증거를 제시할 것을 요구하는 한편, 반출된 문화재가 출처국으로 반환되어야 된다는 국제법적 근거가 부재하다는 점을 강조하였다.[5]

---

4) 한일 양국이 문화재소위원회의 이름으로 문화재 문제를 다루기 시작한 것은 제4차 한일회담(1957. 12~1960. 4)부터다. 제1차 문화재소위원회에서 우리 측은 한국 문화재(Korean Art Objects)에는 "모든 고서적, 협의의 예술품, 진기한 기타의 보물 및 지도 등이 포함된다"는 것과 국내에 여러 다양한 의견이 존재하지만 본 문제를 해결하기 위해서 1905년 이후의 시기에 한국에서 일본으로 유출된 문화재의 반환만을 요구하는 것이라고 언급하였다(1958. 6. 4). 위의 문화재소위원회가 열린 시점은 당시 교착상태에 빠진 한일회담을 재개하기 위한 일환으로 106점의 재일 한국 문화재를 돌려받은 후였다. 그러나 일본 측은 "한국 측의 요청에 대해 일본 정부에 보고했으나 아직 지침이 내려오지 않아 답변할 수 없다. 단지 이미 한국 측에 반환한 106점의 문화재에 대해 일본 의회의 반향이 부정적이기에 이 문제는 신중히 하고 싶다"고 답변했다(문화재소위원회 제2차 회의, 1958. 10. 4).

5) 한일 문화재 반환협상에 관한 보다 자세한 내용은 조부근(2003. 2), 『문화재 반환 외교협상에 관한 연구-한일, 한불협상사례를 중심으로』, 경남대학교 대학원 정치학 박사학위논문, 45~104쪽 참조.

한일회담에서 양국이 주장한 내용을 쟁점별로 정리하면 대략 다음과 같다.[6)]

1) 반환의 법적 의무 존부

(1) 한국 : 1905년 이후 일본에 반출된 한국 문화재는 한국 측이 제출한 목록[7)]에 의하여 현품으로 한국에 반환되어야 한다. 그 이유는 아래와 같다.

① 반환을 요구하는 문화재는 일본이 부당·불법한 수단으로 출토(토굴)·반출해 간 문화재다.[8)] 종래 한국에는 전세 문화재가 없고 현존 문화재는 그 대부분이 발굴품인바, 일본에 반출된 문화재는 1905~1915년 간에 문화재보호를 위한 법적 조치가 취하여지기 전에 일본인에 의하여 토굴되어 불법 반출된 것들이다. 동 기간 중 반출에 대한 학술보고서가 1건도 발표되지 않은 것으로도 그것이 토굴이었음이 확실하며, 토굴 사실을 기록한 문헌에 의하여도

---

6) 외무부(1962), 「문화재 문제에 관한 양측 입장」, 『한일회담 외교문서』, 외무부, 1962, 711~714쪽. 한일 국교정상화회담 과정(특히 1960년 11월 14일의 비공식회의)에서 일본 측은 문화재 반환 문제에 관한 3원칙으로 "① 국유재산은 원칙적으로 돌려준다. 그러나 반환이 아니라 기부한다. ② 사유재산은 인도할 수 없다. ③ 문화재를 인도하는 것은 어디까지나 정치적, 문화적 고려에서 이뤄지는 것이며 법률적 의무에 의한 것은 아니다."라는 것을 내세웠다. 외무부, 「문화재위원회 비공식회의 회의록」, 『제5차 한일회담 예비회담 회의록: 일반청구권위원회, 선박위원회, 문화재위원회』, 외무부(연대미상), 448~449쪽; 정영목(2003. 9), 「문화재에 관한 한일 간의 갈등-그 역사와 인식의 차이」, 『서울대학교 법학』, 제44권 제3호, 83~84쪽; 하야시 요코(2007. 4. 27), 「일본내 한국문화재 반환상의 문제점 및 제도개선 방안」, 유네스코한국위원회·문화재청, 『한일 불법문화재 반환 촉진 정책포럼』, 정책포럼 발표자료집, 48쪽; http://www.unesco.or.kr/upload/ data_center/2007%20한일불법문화재반환촉진정책포럼보고서.pdf(2009년 6월 5일 검색) 참조.

7) 1962년 2월 28일 제7회 공식회의에서 한국 측이 일본 측에 제시한 목록.

8) 1961년 11월 7일 제2회 공식회의. 외무부 정무국(연대미상), 『제6차 한일회담 회의록(Ⅱ)』, 외무부, 366~367쪽 참조.

이를 증명할 수 있다. 또 당시의 토굴 광경을 목격한 증인들도 이러한 사실을 증언하고 있다.[9)]

② 문화재의 대부분은 분묘 및 기타 유적에서 발굴된 것인바, 그것들은 한국에서도 국가의 법적 보호를 받을 대상이다. 또한, 성질상 마땅히 국고에 귀속되어야 할 물건인데 이것이 일본에 반출된 것이다. 그러므로 그 물품이 한국의 역사와 문화에서 중요한 비중이 있음에 감하여, 그것들은 출토국에 반환되어야 한다.[10)]

③ 1957년 12월 31일자 '구두성명(oral statement)'으로 일본은 돌려줄 수 있는 문화재는 돌려주겠다고 발언한 바 있다. 따라서 이에 의하여 제4차 한일회담 시에 106점(1기 고분 일괄 유품)을 이미 반환한 바 있다.

(2) 일본 : 한국 측이 청구하는 문화재에 관하여 국제법상으로 볼 때 한국이 일본에 대하여 청구할 권리는 없으며, 일본이 한국에 반환해야 할 의무도 없다. 그러나 역사적으로 오랜 기간 깊은 관계가 있었던 한국의 문화진흥에 가능한 기여공헌을 할 생각이므로, 장래 양국의 국교 정상화가 실현될 경우 일본 측의 자발적 의사에 의하여 어느 정도 기증할 생각이다.[11)] 일본에 반환의무가 없는 이유는 아래와 같다.

① 한국 측은 몇 개의 예를 들어 설명하고 있으나 한국 측의 설명은 확실한 증거에 의거한 것이라고 인정하기 곤란하다. 즉, 법률적으로 민사상 청구권

9) 1961년 11월 17일 제1회 전문가회의에서 한국 측 전문가 발언, 외무부 정무국, 위의 책, 440~441쪽.

10) 외무부 정무국, 위의 책, 366~367쪽.

11) 1961년 11월 7일 제2회 공식회의 및 1961년 12월 18일 제5회 공식회의에서 일본 측 대표의 발언, 외무부 정무국, 위의 책, 367 · 404 · 417 · 418쪽 참조.

성립에 필요한, '언제, 누가, 무엇을, 어떻게 했다'는 증거가 없다. 또한 시일이 많이(수십 년) 경과한 지금 확실한 사실을 파악하기는 거의 불가능하다.

② 그리고 비록 한국 측이 말하는 것처럼, 당시 일본인 개인에 의한 부당한 행위가 있었다 하더라도 이에 대하여 국가가 책임을 져야 한다는 국제법상의 문제는 없다.[12] 총독부가 가지고 온 문화재는 당시에 관계법령에 의하여 합법적으로 입수한 것이므로 정치적 문제는 될지 모르나 민사 및 형사상 문제는 될 수 없으며, 따라서 국제법상 그러한 문화재들을 반환할 의무는 없다.[13]

③ 문화재는 출토국에 반환하여야 한다는 국제법상의 원칙이나 관례는 찾아볼 수 없다.[14]

2) 반환의 대상

(1) 한국 : 현재 일본에 산재한 일본의 국 · 공유 및 사유를 포함한 1905년 이후 부당 · 불법한 수단에 의해 일본에 반출된 한국 문화재 중 한국 측이 제출한 목록의 문화재[15]를 반환해야 한다.

---

12) 1961년 12월 18일 제5회 공식회의에서 일본 측 대표의 발언. 외무부 정무국, 위의 책, 405 · 408 · 417쪽.

13) 1961년 12월 18일 제5회 공식회의에서 일본 측 대표의 발언. 외무부 정무국, 위의 책, 407쪽.

14) 일본 측은 "인도네시아에 대하여 네덜란드가 문화재를 돌려준 사례가 있으나, 영국에서 독립한 인도, 미얀마, 실론, 파키스탄의 경우에는 반환하지 않았다"고 언급했다. 1961년 11월 7일 제2회 공식회의에서 일본 측 대표의 발언. 외무부 정무국, 위의 책, 367쪽.

15) 한국 측이 조사한 바에 따르면 1905년 이후에 일본이 한국에서 부당, 불법한 수단으로 반출해간 문화재는 약 30,000점으로 추정되었다. 이에 제4차 한일회담 시 한국 측은 우선 그중 중요한 것 약 1,000점의 반환을 요구할 방침으로 일본 측에 '5개 항목의 요구'를 제출하였다. 이후 제5차 한일회담에서는 전기 5개 항목에 2개 항목을 첨가하여 '7개 항목의 요구'를 제출하였다. 제6차 한일회담에서는 동 '7개 항목의 요구'를

(2) 일본 : 일본에 소장된 일부의 국유 한국 문화재[16]를 약간 기증한다. 민간인에게도 자발적인 기증을 촉구할 생각이나 강요할 수는 없다.[17]

3) 반환의 방법

(1) 한국 : 반환 혹은 원상회복의 차원에서 인도(turn over)한다.[18]

재확인하고, 이에 의거하여 구체적인 목록을 작성 · 제출하였다.

16) 1961년 12월 18일 제5회 공식회의에서 일본 측은 사유물은 할 수 없으나 국가가 소유하고 있는 것만은 기증할 생각이라는 발언을 하였다. 이에 대하여 한국 측은 "국가가 소유하는 것은 돌려준다는 말인가"라고 다짐을 하자, 일본 측은 확답을 피하였다. 외무부 정무국(연대미상), 『제6차 한일회담 회의록 (Ⅱ)』, 409~410쪽. 그러나 제5차 한일회담 시 양측 수석대표 간의 비공식회의(1960. 11. 14)에서 일본 측 수석대표는 일본 국유의 문화재(국립대학 소장분 제외)는 '원칙적으로 돌려주겠다'고 발언한 바 있다. 외무부(연대미상), 『문화재위원회 비공식회의 회의록』, 449쪽. 따라서 일본 측이 말하는 원칙으로 돌려주기로 한 '약간의 문화재'는 일본 국유 중 어느 정도의 문화재를 의미하는 것으로 해석된다.

17) 1961년 12월 18일 열린 제5회 공식회의에서 일본 측 대표는 "장래 민간인들이 자발적으로 한국 문화재를 돌려주도록 촉구하겠으며, 이러한 문화협조(자발적 기증: 필자 주)는 협정 후에도 계속 유지하는 것이 좋다고 생각한다"고 발언하였다. 외무부 정무국, 위의 책, 414쪽.

18) 이와 관련해서 제7차 한일회담(1964. 12~1965. 6)을 앞두고 문교부가 외무부에 송부한 최종요구 요강은 아래와 같다.
첫째, 1962년 2월 21일 아측에서 수교한 반환청구목록에 의하여 계속 추진할 것이며 그중 국유물에 관하여는 원칙적으로 일측에서도 반환대상이 되는 바이나, 인도라는 용어하에 고려가 될 것이다.
둘째, 사유물에 대하여서는 난관이 예상되지마는 그 명목을 기증이라는 형식을 취하더라도 반드시 반환을 청구할 것은 다음과 같다.
이하 생략
「문화재반환에 관한 문교부측의 최종요구요강」, 『제7차 한일회담(1964. 12. 3~1965. 6. 22) 문화재위원회 회의 개최계획』. 상기 문교부의 최종요강을 토대로 하여 한국 정부는 1965년 3월 17일자의 '문화재 문제에 관한 훈령'을 통보하였다. 이 밖에도 1960년 11월 14일 문화재위원회 비공식회의에서 한국 측 대표의 발언 참조. 외무부(1961), 『제5차 한일회담 예비회담 회의록』, 외무부, 449쪽 참조.

(2) 일본 : 기증한다.[19)]

2. 한일문화재협정의 졸속타결과 '인도'라는 용어의 채택

앞에서 지적한 바와 같이 한일 국교정상화회담 초기 문화재 반환 문제는 재산권 및 청구권 분과위원회의 틀 내에서 논의되었다. 이 기간 중 양국 간에 첨예한 의견 대립 대상이었던 것은 청구권, 어업, 재일한국인의 법적 지위 등의 문제였고, 문화재 반환 문제의 비중은 상대적으로 낮게 취급되었다. 협상의 종결 과정을 보더라도 3대 현안에 대한 양국 간의 합의가 이루어진 후 그 동안 문화재 소위원회 및 전문가회의의 틀 내에서 행하여진 논의조차 충분히 고려하지 않은 채 서둘러 문화재협정을 체결하기에 이르렀던 것이다.[20)]

한 가지 주목할 것은 문화재 반환 문제에 대하여 한일 양국 간의 합의사항이 존재한다는 점이다. 당시 일본 측은 모든 청구권을 한일협성을 통해 해결

19) 이와 관련, 한일문화재협정에 대한 일본 측 해설서에서는 다음과 같이 언급하고 있다. "우리나라(일본)가 소유하고 있는 한국 유래 문화재는 모두가 정당한 수단에 의하여 입수되어 한국으로 반환할 의무가 없지만, 한국 국민이 그 역사적 문화재에 대하여 갖는 깊은 관심 및 한국동란에 의하여 그 문화재의 다수가 산실(散失)되어 버린 사정 등에 비추어 문화협력의 일환으로 부속서에 기재된 우리나라 소유의 문화재를 한국에 기증하게 된 것이다."
谷田正躬 · 辰己信夫 · 武智敏夫 編(1966), 『日韓條約と國內法の解說』, 時の法令 別冊, 東京: 大藏省印刷局, 92쪽.

20) 高崎宗司(1986), 「日韓會談における文化財返還交涉について」, 『朝鮮史研究會論文集』, 제23권, 45~46쪽; 高崎宗司(1996), 『檢證 日韓會談』, 東京: 岩波書店, 169쪽; 이근관(2003. 9), 「동아시아지역의 문화재 보호 및 불법거래방지에 관한 법적 고찰」, 『서울대학교 법학』, 제44권 제3호, 97쪽; 하야시 요코(2007. 4. 27), 앞의 논문, 49쪽. 이 밖에도 하야시 요코는 한일문화재협정 조속타결의 배경으로 일본으로부터의 조속한 경제원조 필요성과 공산 세력의 위협으로부터 공동대응하기 위한 조속한 국교수립의 요구를 들고 있다.

하려 하였다. 최종단계에서 한국 측은 이 같은 입장을 수용하되, 문화재 반환 문제는 분리 처리한다는 입장을 취하였다. 그래서 이동원 외무장관과 시이나 에쓰사부로[椎名悅三郎] 외무대신 간에 다음과 같은 합의사항이 도출되었다.[21]

이 합의사항은 6개 조항으로 구성되어 있는데, 그중에서 제5항과 제6항은 청구권 문제와 문화재 반환 문제와 관련이 있는 것이었다.

> 다섯. 청구권의 해결 : 관계협정의 성립시에 존재하는 한일 양국 및 양국민의 재산과 양국 및 양국민 간의 청구권에 관한 문제는 상항(桑港: 샌프란시스코, 필자 주) 평화조약 제4조에 규정된 것을 포함하여 완전히 그리고 최종적으로 해결된 것으로 한다. 단, 한일 양국 및 양국민의 재산권과 양국 및 양국민 간의 채권채무관계로서, 종전 후 통상의 거래, 계약 중으로부터 생긴 관계에 의거한 것은 영향을 받지 아니한다.
> 여섯. 한일 간의 문화재 문제 해결 및 문화협력 증진에 관련하여 품목 기타에 관한 협의를 하고 일본국은 한국에 대하여 한국 문화재를 인도한다.[22]

이 같은 사정과 경위를 배경으로 한국은 결국 반환이라는 용어를 포기하고, 그 대신 '인도'라는 중립적인 용어 사용에 동의하게 된 것이다. 다시 말하면, 반출의 불법성을 전제로 하는 '반환'이나 반출의 적법성을 전제로 하는 '증여'라는 용어를 모두 사용하지 않고, 양국의 입장을 적당히 절충하는 선에서 인도(引渡, き渡す)라는 용어를 사용키로 한 것이다. 이는 일본에 의한 식민통치의 불법성 여부의 문제가 한일기본관계조약(Treaty on Basic Relations between the Republic of Korea and Japan, 이하 '한일기본관계조약'으로 약칭함)이나 '대한민국과 일본국

---

21) 국성하(2006), 앞의 논문, 385쪽.

22) 「한일 간의 청구권문제 해결 및 경제협력에 관한 합의사항」, 『제7차 한일회담(1964. 12. 3~1965. 6. 22) 문화재위원회 회의 개최계획』; 국성하(2006), 앞의 논문, 385쪽에서 재인용.

간의 재산 및 청구권에 관한 문제의 경제협력에 관한 협정(Agreement on the Settlement of Problems concerning Property and Claims and on the Economic Cooperation between the Republic of Korea and Japan, 이하 '청구권협정'이라고 함)'에서 명확히 해결되지 않은 것과 마찬가지로 문화재 반출의 적법성 여부 역시 양국 간의 정치적 · 외교적 절충의 대상이 되고 말았음을 말해주는 대목이라고 하겠다.[23)]

한편, 1962년 2월 한국 측은 일본 측에 대해 환수대상 문화재 목록을 제시하면서 총 4,479점의 반환을 요구했었다. 그러나 문화재 반환 문제를 최종 타결할 때 한국은 겨우 1,326점(그 이전에 반환된 106점은 제외)의 반환으로 만족하는 입장을 보여주었다.[24)] 이 같은 사실은 당초의 요구 수준에 훨씬 못 미치는 것으로 협상에서의 대폭 후퇴를 의미한다. 이 점 역시 졸속타결을 입증하는 중요한 증거가 된다고 할 수 있다.

III. 한일문화재협정의 내용

1965년 한일 양국 간의 14년여에 걸친 회담 끝에, "양국 국민 관계의 역사적 배경과, 선린 관계와 주권 상호 존중의 원칙에 입각한 양국 관계의 정상화

23) 이근관(2003. 9), 앞의 논문, 98쪽; 하야시 요코(2007. 4. 27), 앞의 논문, 48쪽.
24) 한일 국교정상화과정에서 당초 우리 측이 일본 측에 반환을 청구한 문화재 품목은 조선총독부 반출 고분출토품 689점, 조선통감 및 총독의 반출품 1,371점, 일본 국유의 분묘출토품 및 체신 문화재 758점, 일본 지정문화재 중 오쿠라 개인 소장품 80점, 기타 개인(오쿠라 외 3인) 소장품 1,581점 등 모두 4,479점이었다. 그러나 고고미술품 544점, 전적 852책, 체신 36점 등 모두 1,432점만이 한일문화재협정의 채택으로 반환되었다. 배재식 · 백충현 · 이상면(1994. 10), 「한일 간의 법적 제문제 – 1965년 제조약 시행상의 문제점」, 『서울대학교 법학』, 제35권 제2호, 36쪽.

에 대한 상호 희망을 고려"하여 한일기본관계조약을 체결하고, "양국 및 양국 국민의 재산과 양국 및 양국 국민 간의 청구권에 관한 문제를 해결할 것을 희망"하여 청구권협정을 체결했다. 그러나 한일관계는 현재에 이르기까지 과거 식민지배에 대한 인식의 차이와 역사 교과서 왜곡 등의 문제를 둘러싸고 갈등과 대립이 계속되고 있다.[25)]

1965년 체결된 조약 및 협정 중 가장 핵심을 이루는 것은 두말할 것도 없이 국교 수립과 기본관계의 설정을 규정한 한일기본관계조약이다. 이 기본관계조약에 근거하여 한일 양국이 세부적인 법률문제에 관해 타결한 것이 바로 4개의 협정인데, 그것은 재일한국인의 법적지위에 관한 협정, 어업협정, 재산청구권 및 경제협력에 관한 협정, 문화재 및 문화협력에 관한 협정(이하 문화재협정으로 약칭함)이다. 이들은 각 분야별 대립 현안의 해결방식을 법률적으로 규정한 근거문서라고 할 수 있다.

1965년 한일 국교정상화회담의 결과 채택된 한일협정의 주된 목적은 양국 간의 식민관계를 법적으로 청산하고, 앞으로의 협력관계를 정립하는 것이었다. 한일협정은 5개 분야의 조약 및 협정으로 구성되어 있는데, 이를 통해 과거 일본의 식민지배에 따른 법적 문제를 포괄적으로 해결하려 한 데 특징이 있다. 그중의 하나인 한일문화재협정은 모두 4개 조항으로 구성되어 있으며, 협정에 부속서가 첨부되어 있다. 또한 본 협정에 대한 합의의사록이 추가되어 있다. 협정과 합의의사록의 전문(全文)은 다음과 같다.

25) 유병용(2006), 「한일협정과 한일관계의 개선방향」, 『한일역사공동연구보고서』, 제6권, 17쪽.

대한민국과 일본국 간의 문화재 및 문화협력에 관한 협정(조약 제181호)

대한민국과 일본국은,
양국 문화의 역사적인 관계에 비추어,
양국의 학술 및 문화의 발전과 연구에 기여할 것을 희망하며,
다음과 같이 합의하였다.

제1조 대한민국 정부와 일본국 정부는 양국 국민 간의 문화관계를 증진시키기 위하여 가능한 한 협력한다.
제2조 일본국 정부는 부속서에 열거한 문화재를 양국 정부 간에 합의되는 절차에 따라 본 협정 효력 발생 후 6개월 이내에 대한민국 정부에 인도한다.
제3조 대한민국 정부와 일본국 정부는 각각 자국의 미술관, 박물관, 도서관 및 기타 학술문화에 관한 시설이 보유하는 문화재에 대하여 타방국의 국민에게 연구의 기회를 부여하기 위하여 가능한 한의 편의를 제공한다.
제4조 본 협정은 비준되어야 한다. 비준서는 가능한 한 조속히 서울에서 교환한다.
본 협정은 비준서가 교환된 날로부터 효력을 발생한다.

이상의 증거로 하기 대표는 각자의 정부로부터 정당한 위임을 받아 본 협정에 서명하였다. 1965년 6월 22일 도쿄에서 동등히 정본인 한국어 및 일본어로 본서 2통을 작성하였다.

대한민국을 위하여	일본국을 위하여
이동원	시이나 에스사부로오
김동조	다카스기 신이치
(서명)	(서명)

대한민국과 일본국 간의 문화재와 문화협력에 관한 협정에 대한 합의의사록(조약 제 182호)

한국 측 대표는, 일본 국민의 사유로서 한국에 연유하는 문화재가 한국 측에 기증되도록 희망한다는 뜻을 말하였다. 일본 측 대표는 일본 국민이 소유하는 이러한 문화재를 자발적으로 한국 측에 기증함은 한일 양국 간의 문화협력의 증진에 기여하게도 될 것이므로, 정부로서는 이를 권장할 것이라고 말하였다.

1965년 6월 22일
도쿄에서

위에서 보는 바와 같이 한일문화재협정은 전문(前文), 본문 4개조 및 부속서(협정 제2조에 근거)로 구성되어 있다. 제1조는 양국 정부가 양국 국민 간의 문화관계를 증진시키기 위하여 '가능한 한 협력'해야 할 일반적 · 추상적인 의무를 규정하고 있다. 제3조는 양국 정부가 각각 자국(구체적으로 자국 미술관 · 박물관 · 도서관 및 기타 학술문화시설) 보유의 문화재에 대해 상대방 국민에게 연구 기회 부여를 위한 가능한 한 편의 제공의 의무를 명시하고 있다. 이는 양국이 보유하고 있는 문화재에 대한 양국 국민의 접근을 원활 내지 용이하게 한다는 규정이지만, '가능한 한'이라는 문구와 '편의 제공'이라는 단어에서 보듯이 그 규범적 밀도가 상대적으로 낮다고 할 수 있다.[26] 제4조는 비준, 비준서의 교환 및 효력발생을 명시한 이른바 조약의 최종조항(Final Clause)에 해당된다.

한일문화재협정의 핵심조항은 제2조의 문화재 반환에 관한 규정이다. 동

26) 이근관(2003. 9), 앞의 논문, 98쪽. 한일문화재협정 제3조 규정의 규범적 밀도가 제고되기 위해서는 '가능한 한'과 '편의를 제공한다'는 문구를 삭제하는 동시에, '…… 연구의 기회를 부여하여야 한다'고 명시해야 한다.

조에서는 ① 문화재의 인도(의무), ② 인도 주체, ③ 인도 대상, ④ 인도 절차, ⑤ 인도 시기에 관해 간략하게 규정하고 있다. 인도 주체는 일본 정부이며, 인수의 주체는 한국 정부다. 인도 대상은 부속서에 명기되어 있는바, 여기에는 인도 대상이 되는 총 1,326점에 달하는 문화재 품목이 ① 도자기, 고고자료 및 석조미술품, ② 도서, ③ 체신관계 품목으로 구분되어 명시되어 있다. 인도 절차는 양국이 합의하는 데 따르며, 인도 시기는 본 협정 효력 발생 후 6개월 이내로 되어 있다.

한일문화재협정은 한일기본관계조약 및 여타 협정과 마찬가지로 1965년 12월 18일 발효하였다. 그리고 인도 대상 문화재는 1966년 5월 27일 한국 측에 환수되기 시작해, 인도가 완료된 것은 동년 8월이었다.

IV. 한일문화재협정의 문제점

한일문화재협정의 문제점으로는 협정의 명칭과 체결목적의 불명확성, 불법성 천명의 결어, 소극적인 문언규정, 사유 문화재의 반환에 관한 무합의 등을 들 수 있다.

1. 협정의 명칭 및 체결목적의 불명확성

한일문화재협정의 1차 목적은 식민지 불법잔재의 처리, 특히 일제 식민통치 시절 불법 유출된 일본 소장 한국 문화재의 '반환'에 있었다. 그런데도 협정의 명칭(title), 전문과 본문(특히 문화관계 증진을 위한 협력을 명시한 제1조) 그 어디에도 문화재 '반환'이나 '환수' 혹은 '회수 등 원상회복의 의미가 담겨 있는 용어가 표시되어 있지 않다.[27] 이는 협정의 초점을 흐리게 만들었을 뿐만 아니라, 동 협정 제2조에 따라 부속서에 명시된 문화재를 일본 측으로부터 넘겨받는 행위의 법적 성격을 모호하게 만드는 결과를 낳았다.

우리 정부로서는 '반환'이라는 단어가 반드시 협정의 명칭 또는 전문에 들어가도록 해야 했다. 그러나 이를 관철시키지 못했다. 본래 조약의 명칭이나 전문에서는 조약의 기본정신과 체결목적을 간명하게 표시하는 것이 일반적이다.[28] 하지만 한일문화재협정의 전문에서는 '양국 문화의 역사적인 관계에 비추어 양국의 학술 및 문화의 발전과 연구에 기여할 것을 희망하며' 합의에 이르렀음을 밝히고 있을 뿐, 문화재 반환이 협정의 핵심이요 협정체결의 목적이라는 점을 명시하지 못하였다. 또한 시간이 다소 걸릴지라도 장래의 언젠가에 불법으로 유출된 문화재를 기필코 돌려받겠다는 의지를 본문에 충분하게 반영하지 못하였다.[29] 이는 두말할 것도 없이 양국 간의 외교적 절충 혹은 졸속타결의 당연한 결과였다. 더불어 이 같은 사실은 우리 정부가 다른 사안보다도 문화재 반환 문제를 상대적으로 가볍게 취급했음을 말해주는 대목이라고 할 수 있다.

27) 신의기(2002. 11/12), 「문화재범죄의 효율적 규제방안에 관한 연구」, 『형사정책연구소식』, 제74호, 24쪽; 조부근(2007. 4. 27), 「한일협정의 한계와 과제」, 유네스코한국위원회 · 문화재청, 『한일 불법문화재 반환 촉진 정책포럼』, 정책포럼 발표자료집, 18쪽.

28) 조약의 명칭은 조약의 내용을 간략히 표시하고, 전문에서는 양자조약의 경우 조약체결의 목적과 유래 등을 천명하는 것이 일반적이다. 외무부 조약국(1995), 『조약업무처리지침』, 집무자료 95-15(조약), 외무부, 4~5쪽.

29) 권세기(2002. 3. 15), 「해외 소재 한국문화재 현황과 반환대책」, 국회도서관 입법전자정보실, 『입법정보』, 제37호, 8쪽.

2. 불법성 천명의 결여

일본 정부는 한일문화재협정에 의거하여 한국 정부에 일부나마 일본 소장 문화재를 넘겨준 사실은 과거 일제 식민통치기간 중의 문화재 반출행위가 불법 내지 부당한 것[30]이었음을 사실상 시인한 것이라 볼 수 있다. 그렇지 않다면 한일국교정상화 때 반출문화재를 우리 측에 인도할 의무도 필요도 없기 때문이다. 물론 문화재 반환을 둘러싼 외교협상을 지루하게 진행할 필요도 없었을 것이다. 그런데도 한국 문화재의 불법 반출 사실에 대한 명시적인 입장이 전혀 표시되어 있지 아니하다.[31] 이는 일본이 한국으로부터의 문화재 반출 및

30) 1905년 을사늑약과 1910년 한일병합조약이 합법이라 한다면, 조선총독부에 의해 자행되어진 문화재 반출은 합법이라 볼 수 있다. 그러나 국제법상 조약이 유효하게 성립될 수 없는 중대한 하자가 있었다는 유력한 주장이 있다. 그 내용을 살펴보면, 첫째, 조약이 정상적으로 조인되지 않았다는 것이며, 둘째, 고종(광무) 황제가 끝까지 조약을 비준하지 않았다는 것이다. 만약 사실이 이와 같다면 을사늑약은 형식적으로도 성립하지 않는 '부존재의 조약'에 불과할 것이다. 또한 당시 을미사변, 즉 국모시해사건은 국가에 대한 강박뿐만 아니라 황제와 대신들(즉, 국가기관)에 대한 강박이 가해진 것으로 국가대표에 대해서도 강박이 있었다고 할 수 있다. 따라서 1910년 한일병합조약과 그 이전의 1905년 을사늑약을 비롯한 한일 간의 제조약은 국가 자체에 대한 강박뿐만 아니라 조약체결권자에 대한 강박이 병행하여 가해진 결과로 체결된 것이므로 한일병합 당시의 일반국제법 하에서는 물론, 현대 국제법에 의해서도 당연히 무효다. 이러한 관점에서 볼 때 일제 강점시 조선총독부에 의해 자행되어진 문화재 반출은 불법이라고 보아야 할 것이다. 문준조(1997), 「한일기본관계조약의 재조명」, 『한일기본관계조약의 당면과제와 법적 대응』, 제8회 법제세미나, 한국법제연구원, 17~18쪽 참조.

31) 배재식 · 백충현 · 이상면(1994. 10), 앞의 논문, 37쪽. 고 배재식 교수 등은 "본 협정(한일문화재협정을 의미함: 필자 주)이 準講和條約的 性格을 가진 기본협정(한일기본관계조약을 의미함: 필자 주)과 더불어 불법하고 무효인 일본의 식민지배를 법적으로 청산하는 성격의 협정이라면 마땅히 식민지배를 통한 문화재 반출행위의 全面的 不法을 선언했어야 했다"고 강조한 바 있다. 배재식 · 백충현 · 이상면(1994. 10), 위의 논문, 37쪽.

강탈에 대한 불법성 천명을 기피하려는 소극적 자세와 그들의 집요한 외교적 노력의 성공이었다고 평가할 수 있다. 이 점은 한일문화재협정의 전문에서 단지 '양국 문화의 역사적인 관계에 비추어'라는 추상적 · 피상적인 문구만 삽입한 데서도 엿보인다. 그 결과 일본 측의 문화재 '인도'가 명확한 권리 · 의무관계의 반영이라는 점을 희석시키고 또 흐리게 만들었다고 하겠다.[32)]

나아가 한일문화재협정은 전문의 '양국 문화의 역사적인 관계에 비추어'라는 문구와 함께 제1조에서 '양국 국민 간의 문화관계 증진'이란 표현을 사용함으로써 그 성격을 단순한 문화협정으로 규정하는 동시에, 그러한 틀 내에서 문화재 인도 · 인수가 이루어진다는 점을 노정하고 있다.[33)] 여하튼 우리의 입장에서는 최소한 "과거의 전시 또는 식민통치기간 중에 직접 또는 간접으로 발생한 강제적인 문화재의 반출과 소유권 양도는 불법으로 간주하며, 해당 문화재의 반환이 양국 간 신뢰와 우호 증진 및 문화교류 발전에 필수적임을 인식한다"는 문구가 추가됐어야 했다.[34)] 약탈 내지 불법 유출된 문화재의 반환이 양국 간 우호증진을 위한 전제조건임을 분명히 하지 못한 것은 확실히 아쉬운 부분이었다고 하지 않을 수 없다.[35)]

문화재 반출의 불법성을 지적하는 것은 대단히 중요하다. 이것이 전제되지 않을 경우 상대방이 사실상의 반환에 일단 동의하더라도 어떤 대가를 요구할

32) 정순훈 외(1995. 6. 30), 「일제의 문화재 약탈과 그 해결방안: 문화재 반환에 관한 국제법적 고찰을 중심으로」, 광복 50주년 기념사업위원회, 『청산하지 못한 일제시기의 문제』, 187쪽.

33) 조부근(2007. 4. 27), 앞의 논문, 18쪽.

34) 김형만(2001), 『문화재 반환과 국제법』, 삼우사, 349쪽; 김형만(2006. 5), 「한일간 문화재 반환의 국제법적 문제」, 동북아의 평화를 위한 바른역사정립기획단, 『한일역사 관련 국제법논문선집』, 368쪽.

35) 권세기(2002. 3. 15), 앞의 논문, 8쪽.

수도 있기 때문이다.[36] 아무튼 불법성 천명의 결여는 이후 아직도 회수되지 못한 대부분의 문화재에 대한 일본의 명백한 반환의무 인정을 어렵게 하는 한 요인이라고 할 수 있다.[37]

3. 소극적인 문언규정 내지 적극적 의무성 불명기

한일문화재협정의 또 다른 문제점으로 '소극적인 문언 규정' 혹은 '적극적 의무성의 결여'를 지적하지 않을 수 없다. 전술한 바와 같이 한일문화재협정에서는 문화재의 '반환' 의무(일본이 소장하는 모든 국 · 공유 문화재의 '일괄적 반환' 의무가 천명되지 못한 점을 비판하는 학자도 있다)를 명시하지 못하고, 그 대신에 문화관계 증진을 위해 '가능한 한 협력한다'는 표현을 사용하고 있을 뿐이다. 이에 따라 본 협정의 주된 목적인 문화재 반환의 법적 타당성 혹은 국제법적 의무가 모호해졌다고 함은 기술한 바와 같다.[38] 다시 말하면 문화재 반환을 청구할 한국의 권리와 이에 상응하는 일본 측의 의무가 확실하게 명기 · 부각되지 못하게 된 것이다. 그럼으로써 일본 정부의 적극적인 의무 이행 혹은 후속적인 반환조치에의 협력 유도 노력이 미흡하게 되는 결과를 낳게 되었다.[39]

---

36) 이강숙(1999), 『불법 유출 문화재 반환에 관한 국제법적 고찰』, 이화여자대학교 대학원 법학석사 학위논문, 84쪽; 심영수(2008), 『문화재의 반환청구제도에 관한 연구』, 동국대학교 대학원 법학석사 학위논문, 96쪽.

37) 배재식 · 백충현 · 이상면(1994. 10), 앞의 논문, 37쪽.

38) 김형만(2006. 5), 앞의 논문, 369쪽.

39) 이와 관련하여 배재식 교수 등은 한일문화재협정이 "보다 적극적 의무성을 갖춘, 그래서 반환을 위한 구체적 조치를 포함한 실질적 노력을 그 내용으로 규정하지 못했다"고 평가한 바 있다. 배재식 · 백충현 · 이상면(1994. 10), 앞의 논문, 38쪽. 그 결과 우리 측은 일본의 소극적 태도에 대하여 구체적으로 책임을 물을 수 있는 법적 근거를 갖지 못하게 되었다고 할 수 있다.

이 점은 "한국 측에 기증함은 한일 양국 간의 문화협력의 증진에 기여하게도 될 것이므로 정부로서는 이를 권장할 것이라고 말하였다"고 규정한 합의의사록에서도 잘 나타나고 있다. 즉, 일본 정부는 (자발적) '기증'과 '권장할 것'이라는 소극적 태도를 보이고 있을 뿐(아울러 '문화협력의 증진에 기여하게도 될 것'이라는 표현도 같은 맥락에서 이해할 수 있다), 문화재 반환의 법적 의무를 회피하고 있는 것이다. 이러한 점을 고려한다면, 한일문화재협정에서는 보다 더 적극적인 반환 의무와 더불어 구체적이고 실질적인 조치, 특히 반환 이행의 절차 및 방법을 규정했어야 했다고 하겠다.[40] 확실히 반환 절차 및 방법의 불명시는 1943년 런던선언 채택 이후 유럽 각지에서 구체화된 문화재 반환의 제 이행조치들과 극명하게 대조되는 부분이라고 하겠다.[41]

4. 부속서에 열거된 국 · 공유문화재 및 사유문화재 처리에 관한 무합의

본 협정 제2조의 부속서에 열거된 반환대상품목 이외의 일본 소장 국 · 공유문화재에 대해 본 협정은 뚜렷한 해결책을 제시하지 않고 있다. 따라서 자칫 잘못하면 더 이상 한국 기원의 일본 국 · 공유문화재가 반환되지 못할 가능성을 내포하고 있다. 혹은 그러한 문화재들이 더 이상 반환청구의 대상이 될 수 없다는 법률적 해석론의 성립이 우려된다고 말할 수도 있다.[42] 실제로 그동안 일본 정부는 1965년의 한일문화재협정으로 일본 내 국 · 공유문화재는

---

40) 정순훈 외(1995. 6. 30), 앞의 논문, 187쪽; 김형만(2001), 앞의 책, 350~351쪽.
41) 김형만(2001), 위의 책, 351쪽.
42) 김형만(2001), 위의 책, 351쪽; 배재식 · 백충현 · 이상면(1994. 10), 앞의 논문, 38쪽; 조부근(2007. 4. 27), 앞의 논문, 18쪽; 이강숙(1999), 앞의 책, 85쪽.

더 이상 논의할 수 없다는 입장을 보여왔다.

더 나아가 한일문화재협정은 일본인 개인이 소장하고 있는 한국 기원의 사유문화재에 대해서도 강제성 있는 해결책을 제공하지 못하고 있다. 단지 그리고 한일 양국 대표가 각자의 뜻을 표명하는 형식을 통해 한국에 대한 일본인 소장 사유 문화재의 기증 희망과 일본 정부가 자발적으로 기증을 권장한다는 내용을 명시하고 있는 것이다. 이러한 규정은 법적 구속력을 갖지는 않지만, 향후 재일 사유 문화재 처리의 기본방향을 명문으로 정했다(정부 대표 간 양해사항 성격의 합의)는 의미를 갖는다고 볼 수는 있을 것이다.[43)]

Ⅴ. 한일 문화재 반환 문제 재검토: 국제법적 종결 및 추가협상 가능 여부를 중심으로

한일 간에 문화재 반환 문제는 1965년 6월 문화재협정의 체결로 완전하게 해결되고 또한 종결되었는가? 이 점이 국제법적으로 제기되는 가장 핵심적인 논점이라고 할 수 있다.

한일 국교정상화 과정에서 당초 문화재 반환 문제는 청구권 문제의 틀 내에서 논의되었다는 사실, 일본 정부가 문화재 반환 청구권을 포함한 모든 청구권 문제를 한일협정을 통해 완전하게 해결하기를 희망했고 원칙적으로 이를 한국 정부가 수용한 사실, 청구권협정과 문화재협정이 같은 날 최종 타결되어 채택된 사실 등에 비추어 볼 때 '법적 청구권'으로서의 문화재 반환 청구권은 '일응 소멸'하였다고 보는 주장이 있다. 이와 관련해서 국성하 선생은 향

43) 백충현(1984. 12), 『일본소장 한국문화재 반환 문제 연구』, 문화재관리국, 5쪽.

후 한일 간에 문화재 반환 문제는 발생할 수 없다는 입장을 피력한다.

> 한일협정 체결시에 양국 및 양국민 간의 청구권은 완전히 소멸하고, 문화재 반환 문제도 문화협력 증진과 관련한 협의와 문화재 인도 후에 소멸하는 것으로 합의하였다. 결국 문화재 반환, 인도, 기증이라는 용어와 상관없이 문화재가 한국으로 온 후에는 그 이상의 문화재와 관련된 청구권을 주장할 수 없게 된 것이다.[44]

하지만 한일 간에 문화재 반환 문제는 더 이상 발생하지 않는다고 단정적으로 말할 수 있겠는가? 결론부터 말하면 그렇지 않다는 것이 필자의 기본시각이다. 그 이유는 아래와 같다.

첫째, 한일문화재협정은 식민지 통치기간 및 그 이전에 일본으로 불법 반출된 문화재 반환 문제를 전반적으로 다루고 그 해결책을 제시한 것이라기보다는 국교정상화에 즈음하여 일본이 동 협정 부속서에 명시된 문화재를 한국 측에 '인도'하기로 한 '일부의 재일 문화재 인도협정'에 불과하다.

물론 초기에는 일본으로 유출된 문화재에 대하여 한국 정부가 문화재 청구권 혹은 문화재 반환의 차원에서 문제를 제기한 적이 있기는 하지만, 일본 측의 소극적인 태도로 문화재 반환 문제가 불법행위의 시정 및 원상회복의 차원에서 본격적으로 다루어지지 못하였다. 더욱이 문화재의 반환을 논하려면 정확한 문화재의 실태에 관한 양국의 공동조사가 선행되어야 하는데, 그러한 노력은 극히 미진했다. 그러므로 1965년의 한일문화재협정은 문화재 반환 문제를 '전반적으로' 혹은 '포괄적으로' 다룬 것이라고 할 수 없고, 국교정상화에 즈음하여 행해진 '일부의' 재일 문화재 '인도'에 관한 협정에 불과하다고 하지

44) 국성하(2006), 앞의 논문, 385쪽.

않을 수 없다.

이 점은 한일문화재협정 부속서에 명기된 일본 국유문화재만을 인도의 대상으로 삼고 있는 사실에서 확인되고 있다. 즉, 부속서에 명기되지 않은 일본 국유문화재와 일본 사유문화재는 한일문화재협정의 대상이 아니었던 것이다. 협정에서 대상으로 삼지 않은 것에 대해 문제를 해결한 것이라고 볼 수는 없다. 일본 측은 청구권협정에 따라 한일 양국 및 양국민 간의 재산 · 권리 · 이익에 관한 청구권이 최종적이고 확정적으로 해결되었다고 주장할지도 모르겠으나, 이는 다른 재산과 구별되는 문화재의 특수성(고유한 속성)과 한일 간의 문화재 반환협상 경위를 전적으로 무시한 해석론이라고 할 것이다.[45] 또한 협정에서 의도적으로 배제한 것, 즉 합의대상으로 삼지 않은 것까지 청구권협정을 들이대며 해결됐다고 주장하는 것은 억지라고 보아야 한다. 다시 말해서 열거되지 않은 문화재는 여전히 현재의 한일문화재협정의 틀 내에서 추가적인 교섭의 대상이 될 수 있다고 봄이 타당하다.[46]

둘째, 일본에 추가적인 문화재 반환을 추구할 수 있는 근거는, 법적 구속력의 밀도 면에서 미약한 점이 없지 않기는 하지만, 현존하는 한일문화재협정 내에서 찾을 수 있다.

우선, 한일문화재협정 제1조는 "양국 국민 간의 문화관계를 증진시키기 위하여 가능한 한 협력한다"고 명시하고 있는바, 여기서 말하는 양국 국민 간의

45) 한일 국교정상화 회담 초기에는 양국이 문화재 반환 문제를 청구권 문제의 틀 내에서 논의됐던 것은 사실이다. 하지만 협상이 진전되면서 청구권은 경제협력의 문제와 일괄타결하는 방식으로 처리되었다. 반면 문화재 반환 문제는 청구권 문제에서 분리되어 별도의 회담 틀 내에서 다루어졌고, 또한 문화협력의 문제와 최종 일괄타결되었다. 이러한 점에서 청구권협정의 규정에 근거해 문화재 반환 문제까지 완전하고도 최종적으로 해결되었다는 주장에는 동의할 수 없다고 할 것이다.

46) 김형만(2006. 5), 앞의 논문, 372쪽.

문화관계 증진은 금후의 추가적인 문화재 반환을 포함한 문화재 관련 교류를 통해 이루어진다고 해석할 수 있다.[47] 물론 문화관계 증진은 다른 방식에 의해서도 가능하다. 하지만 한일문화재협정의 전체적인 맥락에서 볼 때 추가적인 문화재 반환협상 및 반환의 실현을 통한 '문화관계 증진 노력의무'가 동 협정 제1조에 묵시되어 있다고 할 것이다. 다만, 여기서 말하는 반환은 '사실상의 반환'을 의미하는 것으로 그 협상과정이나 결과에서 사용되는 실제 명칭은 인도, 기증 혹은 제3의 어떤 용어라도 무방하다고 하겠다.[48]

다음, 한일문화재협정 제2조는 전술한 바와 같이 일부의 국·공유문화재에 대한 처리를 명문화한 것일 뿐, 협상과정에서 아예 논외였거나 또는 장래에 새로이 발견되는 국·공유문화재에 대한 최종적이고 확정적인 처리라고 볼 수는 없다. 한일문화재협정 제2조는 부속서에 명시되지 않은 일본의 국·공유문화재의 추가적인 인도 협상과 추가적인 인도를 배제하는 것이라고 할 수 없다.

이와 관련해서 한일문화재협정은 청구권협정의 부속협정이 아니며, 그 자체 독자성을 갖는 협정이라는 점을 유념해야 할 것이다. 어디까지나 청구권협정은 청구권과 경제협력 문제를 일괄타결한 협정일 뿐이지, 문화재 반환 문제까지 일괄타결한 협정은 아니라는 점을 명심해야 한다. 반면 문화재 문제는 자체의 고유성(대체불가능성), 역사성(식민통치 경험), 특수성(일반재산권과는 다른 성격을 보

47) 한일문화재협정 제1조는 원칙적·제왕적인 조문으로 이 협정의 제2조를 해석할 때 제1조와 유기적인 관계 속에서 해석해야 한다. 마찬가지로 협정 제3조의 해석시에도 제1조와 함께 문맥을 고려하여 해석하여야 한다. 1969년 조약법에 관한 비엔나협약 제31조 제1항 참조.

48) 이 같은 입장은 일본이 이미 한일문화재협정에서 무색한 중립적 표현인 '인도'라는 용어를 관철시켜 한일 간에 사용한 바 있기 때문에 금후 일본이 반환이라는 용어 사용에 동의할 가능성이 거의 없다는 점을 고려한 것이다.

유)을 고려해 별도의 협상 틀에서, 별도의 합의 조건 하에 다루어졌으며,[49] 최종 타결단계에서도 청구권협정이 아닌 '문화재 및 문화협력에 관한 협정'의 틀 내에서 처리되었다. 따라서 청구권협정이 문화재협정보다 우위에 서는 기본법이라는 취지가 한일기본관계조약이나 청구권협정에 명시되어 있지 않은 한, 혹은 문화재협정에서 문화재(반환 또는 인도문제)와 관련하여 이 협정에서 규정되지 않은 사항은 청구권협정에 의해 규율된다는 취지가 특별히 명기되어 있지 않는 한, 청구권협정이나 문화재협정의 체결로 인하여 한일 간의 문화재 반환 문제가 종결 또는 완전하게 해결되었다고 주장하는 것은 억지라고 하지 않을 수 없다. 이러한 점에서 한일문화재협정의 체결에도 불구하고, 일본 정부에 대해 한국 기원의 재일 문화재의 추가적인 인도 내지 환수 협상의 근거는 여전히 존재한다고 볼 수 있다.[50]

마지막으로 한일 간의 합의의사록의 해석도 추가적인 반환 내지 인도 협상의 근거가 될 수 있다. 그런데 합의의사록의 문구에 대한 한일 간의 해석론은 상반되게 나타나고 있다. 전술한 바와 같이 한국 정부의 입장은 합의의사록이 일본 정부에 대해 적극적인 의무를 부과한다고 해석하는 데 반해, 일본 정부는 일본 국민이 자발적 기증을 하는 것을 허락한다는 지극히 소극적인 의미에 불과하며,[51] 이들 기증과 관련하여 일본 정부가 보상금의 지급 등 어떠한 구

---

49) 위의 「Ⅱ의 2. 한일문화재협정의 졸속타결과 '인도'라는 용어의 채택」 참조.

50) 정순훈 외(1995. 6. 30), 앞의 논문, 187쪽.

51) 다시 말하면, 일본 측은 '자발적 기증의 권장 노력'이란 표현에 대해 기증되어도 좋다는 취지를 표시한 것 혹은 자발적 기증을 허락한다는 소극적인 의미로 해석하고 있는 것이다. 권세기(2002. 3. 15), 앞의 논문, 8쪽. 반면 우리는 일본 정부의 보다 적극적인 노력을 기대하는 쪽으로 해석하여 왔다. 배재식 · 백충현 · 이상면(1994. 10), 앞의 논문, 38쪽; 이강숙(1999), 앞의 책, 85쪽.

체적인 조치를 취할 의무를 부담하는 것은 아니라고 보고 있다.[52)]

그러나 합의의사록에서 "일본 국민이 소유하는 문화재를 자발적으로 한국 측에 기증함은 한일 양국 간의 문화협력의 증진에 기여하게도 될 것이므로, 정부로서는 이를 권장할 것"이라고 명시한 대목은 일본 정부가 자국민에 대해 그들이 소유한 문화재를 한국에 '기증을 권장하기로 한 약속(의무)'을 명문화한 것이다. 즉, 일본 정부는 기증 권장의 의무와 함께 전술한 바와 같은 문화관계 증진을 위한 협력의 의무를 진다. 나아가 한일문화재협정에 대한 모법 내지 상위법이라 할 수 있는 한일기본관계조약 전문(前文)에서는 '양국의 상호 복지와 공통 이익 증진을 위한 협력의 중요성(the importance of their close cooperation … to the promotion of their mutual welfare and common interests)',[53)] 곧 한일 양국 간 상호 복지와 공통 이익 증진의 협력의무(다만, 이 경우 의무의 밀도와 구속력은 낮다)를 규정하고 있다. 이 같은 의무들에서 문화재 추가 인도 및 자발적 기증을 위한 한국 측의 협의 요청에 일본 측이 응할 의무, 이러한 외교적 현안에 대해 한일 양측이 성실하게 교섭(협상)할 의무, 인도 및 기증의 실현을 위해 노력할 의무가 파생적으로 도출된다고 볼 수 있다.

물론 일본 측이 주장하듯이 합의의사록의 문구만 가지고서는 자국민의 자발적 기증과 관련해 일본 정부가 보상금의 지급 등 어떠한 구체적인 의무를 지는 것으로 해석하기는 어렵다. 그렇다고 해서 일본 국민이 자발적 기증을

---

52) 谷田正躬 · 辰己信夫 · 武智敏夫 編(1966), 앞의 책, 95쪽; 이근관(2003. 9), 앞의 논문, 99쪽; 배재식 · 백충현 · 이상면(1994. 10), 앞의 논문, 38쪽.

53) 한일기본관계조약 서문은 "양국 국민관계의 역사적 배경과, 선린관계와 주권상호존중의 원칙에 입각한 양국관계의 정상화에 대한 상호 희망을 고려하며, 양국의 상호 복지와 공통 이익을 증진하고 국제평화와 안전을 유지하는데 있어서 양국이 국제연합 헌장의 원칙에 합당하게 긴밀히 협력함이 중요하다는 것을 인정하며, ……"라고 명시하고 있다.

하는 것을 허락한다는 지극히 소극적인 의미로 해석하는 것 또한 옳지 않다고 할 것이다.[54] 이 같은 해석은 합의의사록 및 한일문화재협정의 관련 규정의 내용과 정신에 맞지 않는 부당한 해석이라고 하지 않을 수 없다. 이와 관련, 배재식 교수 등은 다음과 같이 주장한 바 있다.

> 그러나 권장 노력을 표명한 합의의사록은 동 협정과 불가분의 일체를 이루고 있으며 동 협정 제1조에서 서로의 문화협력을 증진시키기 위한 양국의 협력의무를 명백히 규정하고 있으므로 상기의 권장 노력도 그러한 협력의무의 일부라고 본다면 일본의 주장과 같이 소극적 의미로만 해석할 수 없다고 할 것이고, 사유문화재 반환이 안고 있는 여러 법률적, 사실적 장애를 극복 내지 우회할 수 있는 구체적 조치를 취할 보다 적극적 의무가 일본 정부에 있다고 해석해야 할 것이다.[55]

셋째, 한일기본관계조약 및 한일문화재협정이 체결된 1965년을 기준으로 할 때 식민지 시대에 불법 반출된 문화재 반환에 관한 국제법은 반드시 분명치 않은 부분이 있었다. 당시까지는 전시 문화재의 보호(약탈 금지 등)에 관한 국제법은 성문화되어 있었고 그에 대한 국제사회의 일반적 합의가 존재하였으나, 식민지 시대 약탈 내지 불법 반출된 문화재의 반환에 관한 국제법은 불분명했다고 해도 그리 틀린 말은 아닐 것이다.

하지만 그 후 국제법의 발전은 식민지 시대에 여러 가지 연유에 의해 불법 반출된 문화재의 반환에 관한 국제법이 형성되고 또한 발전되어 왔다. 이 같은 국제법의 성립은 한일문화재협정에 의한 문화재 처리에도 일정한 영향을 미치고 있다.

---

54) 김형만(2006. 5), 앞의 논문, 372쪽.

55) 배재식 · 백충현 · 이상면(1994. 10), 앞의 논문, 38쪽.

한일문화재협정은 '선 특별법'이고 이후 체결 · 형성된 문화재 반환 관련 국제법은 '후 일반법'에 해당된다. 따라서 혹자는 한일 간의 문화재 반환 문제와 관련해서는 특별법우선의 원칙이 적용되어야 한다고 주장할 수도 있을지 모른다. 하지만 문화재 반환에 관한 국제법 성립은 "제2차 세계대전 이후 식민지 시대에 자행된 불법 반출행위에 의해 강제적 내지 일방적으로 이전된 문화재를 출처국에 반환하는 것이 타당하며, 이는 제국주의 내지 식민주의의 청산에도 부합되는 것"이라는 인류의 양심 내지 시대정신의 구현이라고 보아야 한다. 그리고 이러한 분야의 국제법은 식민지 시대라는 과거에 발생한 사건과 문화재를 대상으로 한다는 점, 그리고 장래의 협상을 통해 반환 내지 원상회복되어야 한다는 특성을 갖고 있다. 이 같은 점에 비추어 후법우선의 원칙이 지배해야 한다고 본다. 만일 한일문화재협정에 의한 문화재 반환이 비교적 만족스러울 정도로 이루어졌다면, 특별법우선의 원칙 적용이 타당하다는 주장이 우세할 수도 있을 것이다. 하지만 2011년 3월 31일 현재까지 파악된 것만 보더라도 총 61,409점의 재일 문화재 중에서 지난 46년간 겨우 5,108점(기증: 3,129점, 정부 간 협상 인수: 1,728점, 구입: 251점)만 환수된 것[56]만 보면 특별법우선의 원칙을 내세우는 것은 제국주의적인 문화재 약탈 내지 불법 반출 사실을 부정하는 동시에, 출처국으로의 원상회복에 반대하는 논지에 영합하는 것(이는 일본 식민주의의 부당한 연장이자 20세기에 완료됐어야 마땅한 과거청산 노력에 역행하는 것이다)으로 결코 수용할 수 없다고 하겠다.

넷째, 일본 정부는 합의의사록에 따라 일본 국민의 사유문화재 기증을 권장해야 하지만, 지난 46년간 이와 같은 (자발적 기증) 권장 의무 혹은 약속을 제대로 이행하지 않았다. 이러한 사실은 일본의 전문가들도 인정하고 있는 바이

56) 문화재청(2011. 3. 31), 『주요업무 통계자료집』, 문화재청, 61쪽.

다.[57] 일본이 그동안 보여준 문화재 반환 문제 해결의 무의지, 무노력과 무책임에 대한 책임해제(사과 및 성의표시)의 차원에서 일본 정부는 앞으로 이 문제의 적극적인 해결에 성의를 다해야 한다. '권장 의무'의 이행은 한일 간의 합의의사록에 따르면 민간소유 문화재의 기증에 국한되는 것이기는 하지만, 일본 국·공유 문화재의 반환에서도 동일하게 구현될 수 있으며,[58] 또한 그렇게 하는 것이 한일문화재협정의 목적과 정신에 부합한다고 생각된다.

요컨대, ① 식민지 시대 한국 문화재의 불법 반출이라는 역사적 사실과 과거사(한일 간의 불행한 역사적 유산) 청산의 요구, ② 한일기본관계에 관한 조약과 한일문화재협정 및 합의의사록의 문구와 정신, ③ 문화재 출처국으로의 반환에 관한 국제법규범의 정립과 문화재 반환에 관한 최근 국제사회의 관행 및 추세, ④ 문화재 반환 문제의 실질은 강탈국의 한 번의 인도로 끝나는 사안이 아니라 계속성을 갖는 문화협력의 관계라는 점(곧 계속적 협력의무[59] 사안) 등을 고려할 때 한일 간에 문화재 반환 문제는 국제법상 종결된 사안이 아니라고 보아야 한다. 한일문화재협정은 문화재 반환 문제를 공식화하고 첫 단추를 꿴 것에 지나지 않을 뿐이다. 결국 한일문화재협정의 체결과 1,326점의 문화재 인

57) 高崎宗司(2005. 6. 3), 「文化財問題と竹島=獨島」, 서울대학교 한국문화연구소·역사학회·서울국제법연구원, 『진정한 한일 우호관계를 위한 반성과 제언: 1905년 乙巳條約에서 1965년 韓日協定까지』, 263쪽; 하야시 요코(2007. 4. 27), 앞의 논문, 48~49쪽.

58) 즉, 기증 권장의 약속(의무)은 단지 정부와 민간 사이에서만 실천될 수 있는 것으로 해석하기보다는 한 중앙정부 부처(가령 외무성)의 다른 중앙정부 부처(가령 문화청) 간 또는 중앙정부와 지방자치단체(한국문화재를 소장·관리하는 지방관청) 사이에서도 이행될 수 있는 것으로 해석할 수 있다고 보아야 할 것이다.

59) 여기서 계속적 협력의무는 식민지 불법잔재의 청산, 특히 문화재 강탈이라는 불법적 상황의 치유(그러한 불법잔재의 존재 혹은 지속의 중단)에 계속 협력할 의무가 있다는 의미로 사용하였다.

도에도 불구하고, 한국 기원 재일 문화재의 추가반환(혹은 추가인도) 문제는 여전히 한일 간의 국제법 현안으로 남아 있다고 할 것이다. 어떤 경우에도 한일문화재협정의 불비(不備)가 미반환 문화재의 반환 추구 포기로 해석되어서는 안 될 것이다.[60)]

VI. 한일문화재협정 개정문제와 재일 문화재 환수방안

1. 한일문화재협정 개정문제

일부 학자와 시민단체는 한일문화재협정에 상당한 문제점이 있으므로 지금이라도 이 협정을 시급히 개정해야 한다고 주장하고 있다.[61)] 물론 외교협상에 따른 기존 협정의 개정이 가능하기만 하다면 그렇게 하는 것이 바람직함은 두말할 것도 없다. 하지만 개정협상에 일본이 호응해올지는 미지수다.

만일 일본의 호응으로 한일문화재협정 개정협상이 개시되더라도 우리 입맛대로 협상이 진행될 가능성은 그리 높지 않다. 특히 일본 정부가 우리 측이 원하는 대로 일본 소장 문화재의 '반환 의무' 명기는 고사하고 '반환'이란 용어 사용에 동의할지 의문이다. 한국이 겉으로는 일본을 압박하는 모습을 연출

60) 이근관(2003. 9), 앞의 논문, 100 · 102쪽 참조.

61) 김대순 · 김형만(1996. 7. 26), 「한일 문화재협정의 개정에 따른 요강과 이유」, 한일과거청산범국민운동본부, 『'한일협정 개정안' 발표 및 공청회』, 한일과거청산운동본부 1주년 기념 세미나 자료집, 93~105쪽; 김형만(2001), 앞의 책, 351쪽; 권세기(2002), 앞의 논문, 15쪽; 한일과거청산범국민운동본부(1995. 11. 8), 『한일협정과 과거청산의 과제』, 한일과거청산범국민운동본부 참조.

할 수도 있겠지만, 일본의 양보를 받아내려면 우리가 다른 분야에서 적지 않은 양보를 해야 할지도 모를 일이다.

그래서 1965년의 한일문화재협정 개정방안에 선뜻 동의하기 어렵다.[62] 오히려 그보다는 기존의 협정 틀(즉, 문화관계 증진을 위한 쌍방 정부 간 협력의무)을 적극 활용하여 일본의 무책임과 무성의를 질타하고 추가적인 문화재 인도(우리의 입장에서는 '실질적 의미의 반환'으로 규정할 수 있을 것이다)를 촉구하는 것이 더욱더 현실적인 방안이라는 생각을 하게 된다.[63]

여기서 유의할 것은 1965년의 한일문화재협정은 일회성(一回性)의 사실처리(事實處理), 즉 1965년 당시에 논의된 재일 문화재의 한국 인도(사실상 반환)라는 '급부(給付)의 이행(履行)'으로 종료된 것이 아니라는 점이다. 곧 "한일문화재협성은 국 · 공유 또는 사유 문화재인가 여부를 불문하고 부속서에 열거되지 아니한 일본 소장 한국 문화재에 대하여 '계속 유효'하며, 따라서 양국이 추가적인 인도를 위한 교섭을 계속 진행시켜 나가야 한다"고 해석하는 것이 법리적으로 타당하다는 점을 명심해야 할 것이다. 이와 관련, 외교협상 전략상 한일기본관계조약 전문과 동 제4조,[64] 유엔헌장과 유엔 전문기구인 유엔교육과학

62) 한일 양국이 문화재 반환에 관한 새로운 정부 간 협정을 체결하는 방안[이강숙(1999), 앞의 책, 85쪽] 역시 마찬가지일 것으로 생각된다. 그러한 협정의 체결이 물론 바람직하지만, 양국 정부가 이러한 협정 체결의 필요성 및 시급성을 인식하고 있는지는 의심스럽다.

63) 그동안 한국은 몇 차례에 걸쳐 재일 문화재의 추가 환수를 실현한 바 있다. 예컨대, 1991년 4월 '영친왕비 관련 복식 등의 양도에 관한 협정'과 궁중유물 환수, 2005년 10월 북관대첩비의 한국 환수와 북한 측에로의 인도, 2006년 7월 조선왕조실록의 오대산 사고본의 환수 등이 그것들이다. 이 밖에도 일본의 개인 수집가에 의한 자발적 기증이 있었다. 제성호(2009. 1), 「한일 간 문화재 반환 문제에 관한 국제법적 고찰」, 『중앙법학』, 제11권 제2호, 472~476쪽 참조.

64) 한일기본관계조약 전문에서는 "양국이 국제연합헌장의 원칙에 합당하게 긴밀히 협력함이 중요하다는 것을 인정하며,"라고 선언하고 있고, 동 제4조 (가)항은 "양 체약 당

문화기구(United Nations Educational, Scientific and Cultural Organization: UNESCO)를 중심으로 그동안 문화재 반환에 관해 이룩된 국제법의 성과, 발전동향 및 최근 추세를 최대한 활용하는 자세가 바람직하다. 특히 문화재 반환에 관한 그간의 국제법 발전[65]은 일본 정부에 대해 한국의 추가적인 인도요청을 위한 외교교섭에 유리하게 작용할 것으로 판단된다.

2. 재일 문화재 환수방안

일본에 소장된 우리 문화재의 추가적인 반환을 성사시키기 위해 앞으로 우리는 어떤 일을 해야 할 것인가? 두서없이 몇 가지를 제시해 보기로 한다.

첫째, 정부는 외교통상부와 문화재청을 중심으로 재일 문화재 반환을 위한 장 · 단기 마스터 플랜을 마련하여 체계적으로 실천에 옮겨야 한다.

둘째, 문화재청 산하에 문화재 반환을 전담하는 반관반민기구(재단법인 형식)를 설치하여 문화재 반환을 위한 사전 실태조사를 철저하게 실시해야 한다. 무엇보다도 일본 반입경로, 소재지, 현 소유상태 등의 항목을 중심으로 정확한 '재일 문화재 목록'을 작성하는 것이 긴요하다.

셋째, 일본 사회에 재일 문화재 반환에 유리한 분위기 조성, 특히 여론을

사국은 양국 상호 간의 관계에 있어서 국제연합헌장의 원칙을 지침으로 한다"고 한데 이어 (나)항은 "양 체약 당사국은 양국의 상호의 복지와 공동의 이익을 증진함에 있어서 국제연합헌장의 원칙에 합당하게 협력한다"고 규정하고 있다.

65) 백충현(1989. 12), 「해외유출 · 불법반출 문화재 반환의 국제법적 규제」, 『서울대학교 법학』, 제30권 제3 · 4호, 37~62쪽; 배재식 · 백충현 · 이상면(1994. 10), 앞의 논문, 39~43쪽; 김형만(2006. 5), 앞의 논문, 347~352쪽; 김형만(2001), 앞의 책, 171~345쪽; 이근관(2003. 9), 앞의 논문, 100~101쪽; 제성호(2009. 1), 앞의 논문, 464~472쪽 참조.

만들어 가는 노력이 절실하다. 가능하면 일본의 유관 시민단체와 협력관계를 구축하는 것이 바람직하다. 이와 관련, 최근 일본 내에 불고 있는 한류 바람을 활용하는 방안도 적극 고려할 필요가 있다. 또한 양국의 전문가집단도 문화재 환수를 위한 여건 조성에 이바지하도록 해야 한다. 예컨대, 네덜란드－인도네시아 경우처럼 양국 전문가회의 개최 및 '공동권고안'의 채택 등에 의해 추가 환수를 유도할 필요가 있다.

넷째, 그동안 일본 개인 소장자가 자발적으로 한국에 기증한 문화재 현황을 일본인들에게 소개하고 홍보하는 노력도 전개해야 한다. 그와 같은 기증이 한일 간의 우호증진 및 문화협력에 끼친 영향을 알림으로써 추가적인 기증의 풍토를 조성하는 것이 바람직하다.

다섯째, 가칭 해외문화재 환수기금을 조성하고, 그 일부를 일본의 개인 소장 문화재 구입에 사용하는 방안도 추진할 필요가 있다.

여섯째, 우리 정부는 적절한 시기에 일본 국·공유문화재(기확인된 것 외에도 향후 추가로 발굴·확인되는 것을 포함)에 대해 가능한 것부터 추가적으로 일본 정부에 인도 요청을 하여 환수하는 노력을 지속적으로 기울여야 한다. 이와 관련, "한일 문화재협정은 '부속서에 열거된 문화재'만에 한성해서 '인도' 방식의 처리를 규정하였다. 이 때문에 당시에 '합의에 이르지 못하고 조사되지도 않은' 국·공유문화재에 대해서는 본 협정과 합의의사록이 적용되지 않았으므로 새로운 협상이 필요하다"는 논리를 전개함으로써 추가협상의 논거를 확보할 수 있을 것이다.[66] 또한 본 협정의 합의의사록에 명시된 '사유문화재의 자발적 기증

66) 한일문화재협정에 따라 '부속서에 열거된 문화재'만을 돌려받았기 때문에 동 부속서에 열거되지 않은 문화재와 관련하여 동 협정 제2조가 적용되는 것이 아니라, 협정 본문에서 명확하게 합의된 바가 없다. 중요한 점은 부속서에 열거되지 아니하고 양국 간에 합의되지 아니한 일본 정부 차원의 소장품인 한국 문화재의 처리문제인데, 본

의 장려'에 대해서도 보다 구체적이고 실천적인 이행조치가 마련되어야 한다는 논리로써 일본 정부를 계속 설득할 필요가 있다.[67)]

일곱째, 재일 문화재 환수를 위해서는 일본과의 추가 인도협상이 요청되는 바, 이를 관철, 뒷받침할 수 있는 보다 정치(精緻)한 국제법적 논리 개발이 매우 중요하다. 이 글에서 제시한 논거 외에도 앞으로 보다 더 많은 국제법학자의 능력과 예지를 모을 필요가 있다.

끝으로 재일 문화재 환수를 위해서는 긍정적인 국제적 분위기를 조성하는 일도 긴요하다. 이런 관점에서 한국은 문화재 반환 문제와 관련 있는 국제회의에 지속적으로 참가하는 한편, 범세계적 및 지역적 차원의 전문가회의 등을 개최하여 문화재 반환에 관한 여론 조성 및 국제법 발전을 선도해나가야 할 것이다. 이와 관련해서 UNESCO 등 국제기구의 협조를 요청 · 활용하는 방안을 강구해야 할 것이다.[68)]

VII. 맺음말

이 글에서 필자는 해외에 반출된 한국 문화재의 현황, 특히 재일 문화재 현황과 반환실태를 간단히 살펴보았다. 이어 한일 국교정상화의 일환으로 체결된 한일문화재협정의 내용과 문제점을 고찰하였다. 한일문화재협정이 적지

협정 제2조의 규정으로 그 반환이 종결되었거나 포기되었다고 보기는 어렵다. 백충현(1984. 12), 앞의 책, 5쪽; 백충현(1989. 12), 앞의 논문, 63~64쪽; 조부근(2003. 2), 앞의 책, 106쪽.

67) 심영수(2008), 앞의 책, 108쪽.

68) 백충현(1984. 12), 앞의 책, 6, 18쪽 참조.

않은 문제점을 안고 있으며, 또한 필자는 이 협정의 체결을 전후하여 1,400여 점의 재일 문화재가 한국으로 돌아왔지만, 여전히 한일 간에는 문화재 반환 문제가 완전히 종결되지 않았다고 본다.

물론 일본 측은 청구권협정의 체결에 의해 문화재 반환청구권은 완전하고도 최종적으로 소멸됐다고 주장할 가능성이 있다. 하지만 이 같은 주장은 받아들일 수 없다. 기술한 바와 같이 한일협정의 체결과정에서 문화재 문제는 자체의 고유성, 역사성, 특수성을 고려해 별도의 협상에서 다루어졌으며, 최종 타결단계에서도 청구권협정이 아닌 '문화재 및 문화협력에 관한 협정'의 틀 내에서 처리되었다. 따라서 청구권협정이 문화재협정보다 우위에 서는 기본법이라는 취지가 한일기본관계조약이나 청구권협정에 명시되어 있지 않은 이상, 또한 문화재협정에서 문화재와 관련하여 이 협정에서 규정되지 않은 사항은 청구권협정에 의해 규율된다는 취지가 특별히 명기되어 있지 않은 이상 청구권협정이나 문화재협정의 체결로 인하여 한일 간의 문화재 반환 문제가 종결되었다고 주장하는 것은 앞뒤가 맞지 않는 억지라고 하겠다.

앞으로 우리 측이 일본 측과의 협상을 통해 문화재를 추가 환수함에 있어 그 형식과 절차 면에서 '원상회복'은 물론 '반환'이라는 용어를 사용하는 것이 결코 용이하지는 않다. 이는 1965년의 한일문화재협정의 중대한 후과(後果)임에 틀림없다. 하지만 인도든 반환이든 환수든 기증이든 그 어떤 용어를 사용하든 문화재의 추가반환문제는 여전히 현존하는 국제법상의 문제(계속적인 반환청구의 대상)이며, 당면한 한일 간의 중대현안이라고 할 것이다.

한일문화재협정 체결과정에서 일관되게 일본이 주장한 내용, 즉 식민지배 과정에서 유출 내지 불법 반출된 문화재를 원래의 소재지로 반환해야 할 국제법적 근거가 없다는 주장에는 동의할 수 없다. 오히려 제2차 세계대전 후 유네스코와 UNIDROIT(International Institute for the Unification of Private Law/Institut

International pour L'unification du Droit Privé, 사법통일국제연구소) 등을 중심으로 진행되고 있는 국제문화재법의 형성 및 발전을 고려할 때 문화재 반환청구는 충분히 타당한 것이라고 보아야 한다. 최근 문화재 반환청구에는 시효(時效)가 없다는 관념과 법인식이 형성되고 있음도 간과해서는 안 될 것이다.

더불어 식민 경험을 갖고 있는 미주와 유럽 국가들이 식민지배 시에 반출한 문화재를 기원국으로 반환하고 있는 최근의 사례는 과거청산의 일환으로 이루어지는 문화재 반환의 국제법적 및 국제정치적 당위성을 극명하게 보여주는 것인 동시에, 문화권을 존중하는 인류의 양심을 반영하는 의미 있는 사례라고 할 것이다. 무엇보다도 한국이 한일문화재협정 체결 후 일본으로부터 여러 가지 경로와 방식을 통해 재일 문화재를 우리나라에 환수시킨 경험도 귀중한 선례로 작용하고 있다.

결론적으로 한일문화재협정의 부속서에 '열거되지 않은'—혹은 외교적 협상의 대상으로 삼지 않았던—일본 소유(국 · 공유) 한국 문화재와 일본 국민(민간) 소유 한국 문화재는 여전히 한일 간에 추가반환, 추가인도 혹은 추가기증의 대상이 된다고 할 것이다. 그러므로 일본 소장 한국 문화재의 추가반환 내지 추가인도는 한국의 의지와 노력, 특히 충분한 국제법 논리에 의한 법적 무장과 치밀한 외교적 대응 여하에 달려 있다고 할 것이다.

한일협정의 문제점과 향후 과제

한일 공개 외교문서의 분석을 바탕으로

일본 와세다대학 교수 **이종원**

한일협정의 문제점과 향후 과제

한일 공개 외교문서의 분석을 바탕으로*

일본 와세다대학 교수 **이종원**

I. 머리말 – '과거 직시'와 '미래 지향'

최근 한일관계와 관련해서 '미래 지향'이라는 표현을 자주 접한다. 1998년의 '한일 공동선언(일명 '한일 파트너십 선언')'에 나오는 "과거를 직시하고 미래를 지향한다"는 문구가 공식적인 기원이다. 한국의 김대중 대통령과 일본 오부치 게이조[小渕恵三] 수상이 새로운 한일관계의 토대가 되는 원칙으로 제창한 것이다. 이후 한일 양국 정부 모두 한일관계 설정의 기본개념으로 강조해왔고, 일반 사회와 여론에도 널리 침투된 슬로건이다. 그러나 이 '미래 지향'이라는 용어에 대한 한일 양국 사회의 이해가 어긋나고 있다는 느낌을 금할 수 없다. 한국에서는 '미래 지향'을 위해서도 '과거 직시(과거사를 잊지 않으며, 이를 미화하지 않는다는 취지)'가 필요하다는 점이 강조된다. 반면 일본에서는 '미래 지향'이 '지나간

---

* 이 글은 2011년 8월 12일 '2015년 한일협정 체결 50년 대비: 한일협정의 국제법적 문제점에 대한 재조명'을 주제로 동북아역사재단이 주최한 '한일강제병합 100년 역사와 과제 재조명 국제학술회의'에서 주제발표한 논문의 수정본임.

과거사 문제를 더 이상 거론하지 않는다'는 의미로 해석되고 있다. 한국 정부나 사회가 역사인식에 관련된 문제 제기를 하면, 일본 사회에서 '미래 지향'의 취지에 반한다는 비판이 제기되는 것도 이 같은 맥락에 있다. '미래 지향'의 의미를 놓고서도 한일 양국과 사회 사이에는 깊은 골이 가로놓여 있음을 실감한다.

작년 한국 강제병합 100년을 맞아 실시된 한일 언론의 공동 여론조사 결과는 이 같은 인식 차이를 잘 나타내고 있다는 점에서 흥미롭다. 우선 2010년 4월 《요미우리 신문[讀賣新聞]》이 《한국일보》와 공동으로 실시한 조사가 있다.[1] 현재의 한일관계에 대해서, 일본에서는 '좋다'가 57%, '좋지 않다'가 29%였음에 반해, 한국에서는 '좋다'가 24%, '좋지 않다'가 73%라는 정반대의 회답이었다. 상대방 국가를 신뢰할 수 있는지를 묻는 질문에 대해, 일본에서는 '(한국을) 신뢰할 수 있다'가 45%로, '신뢰할 수 없다'(41%)보다 많았다. 그러나 한국에서는 '(일본을) 신뢰할 수 없다'가 80%에 달했다. 앞으로의 한일관계 전망에 관해서도, 일본에서는 '좋아질 것'(37%)이 '나빠질 것'(4%)을 크게 상회한 반면, 한국에서는 비관론과 낙관론이 20%로 같은 비율이었다. 일본에 의한 한국 병합에 관해서, 일본에서는 '당시 국제정세를 고려할 때 불가피했다'(44%)가 '병합하지 말아야 했다'(21%) 보다 많았다. 한국에서는 '병합하지 말아야 했다'가 54%였지만, '불가피했다'도 28%에 달했다.

현재 일본에서는 '한류' 붐의 일상화 등으로 한일관계에 대한 인식은 표면적으로는 양호한 상황이다. 그러나 그 반면 한국에서는 일본에 대한 불신감이 여전히 뿌리 깊게 존재한다는 현실을 보여준다.

작년 7월 NHK와 KBS가 공동으로 실시한 여론조사에서도 비슷한 경향이

---

1) 《讀賣新聞》(2010. 4. 17).

확인된다.[2] 현재 한일관계에 대해 일본은 '좋다'가 57%, '나쁘다'가 29%, 한국은 '좋다' 24%, '나쁘다' 73%로 대조적인 반응을 보였다. 흥미로운 것은 '관계개선을 위한 중요과제'를 묻는 설문에 대해, 한국이 '독도'(62.0%), '역사인식'(34.3%), '식민지지배 보상'(26%) 등을 들고 있는데 반해, 일본은 '정치적 대화'(37.1%), '경제교류'(28.0%), '문화교류'(27.6%) 등 이른바 '미래 지향'에 속하는 응답이 다수를 차지하고, '역사인식'(27.4%), '竹島'(23.6%) 등 '과거 직시'와 관련된 과제는 뒤로 밀렸다. 본래는 유기적으로 통합된 관계에 있어야 할 '과거 직시'와 '미래 지향'이 서로 분리되고 엇갈리며, 오히려 상호 배치되는 개념으로 충돌하는 구도다.[3]

한일 간의 역사인식의 괴리가 좀처럼 좁혀지지 않고 있는 것은 기본적으로 1965년 한일국교정상화가 과거 청산을 애매하게 처리하고, 많은 과제를 뒤로 미룬 사실에 기인한다. 한일국교정상화는 본래 식민지 지배라는 과거 역사를 총괄하고 새로운 관계를 구축하는 것이어야 했다. 그러나 실제의 한일국교정상화는 '역사의 결락(缺落)', '문제의 봉인(封印)'을 특징으로 하는 정치적 타협으로 귀결되었다. 1965년 6월 22일에 체결된 한일협정은 "1개의 조약, 4개의 협정, 2개의 의정서, 5개의 합의의사록, 9개의 교환공문, 2개의 왕복서한, 2개의 토의기록"[4]으로 구성된 방대한 문서다. 그러나 이 수많은 문서 속에 일본의 식민지 지배에 관한 언급은 한 군데도 찾아볼 수 없다. 과거 시기 역사에

2) 《연합뉴스》(2010. 8. 5).

3) 실제로 필자의 경험으로도, 최근 일본의 연구 모임이나 집회에서 동아시아 공동체 논의나 한일관계와 관련해서 역사인식의 괴리를 지적하면, "지나간 과거사 문제를 자꾸 들추어내는 것이 오히려 양국 관계를 악화시키는 것이 아닌가", "역사인식 문제를 거론하는 것은 미래 지향의 취지에 반하는 것이 아닌가"라는 비판적인 반응을 받는 경우가 오히려 늘고 있다는 인상을 받는다.

4) 유병용(2005. 6), 「한일협정과 한일관계의 개선방향」, 『제1기 한일역사공동연구 보고서』.

양국 간에 무언가 문제가 있었다는 포괄적인 표현조차 없다. 한일협정의 중심을 이루는 기본관계조약 전문(前文)의 서두에 있는 "양국민 간의 관계의 역사적 배경과 선린관계 및 주권의 상호존중의 원칙에 입각한 양국 관계의 정상화에 대한 상호의 희망을 고려해서"라는 부분이 '역사'라는 단어가 사용된 거의 유일한 예라고 할 수 있다. 이러한 '역사의 결락'이 한일국교정상화 과정에서 '역사'를 철저히 배제하려고 한 일본의 강경한 자세와, '역사'에 대한 평가를 관철하지 못한 한국의 소극적 자세의 귀결인 것은 새삼 부언할 필요가 없다.

자주 지적되는 바와 같이, 이 같은 한일협정의 본원적인 한계는 '냉전의 논리'와 '경제의 논리'에 의해 '역사의 논리'가 봉인되고 배제된 구도로 설명될 수 있을 것이다.[5)] 냉전 상황 하의 분단국가인 한국에게 있어 한일국교정상화는 반공체제의 국가(또는 정권)의 존속을 위해 불가피한 선택이라는 의미가 강했다. 공식적으로는 '역사의 논리'를 제기하면서도 실제로는 경제원조의 획득이 우선시되었다. 일본으로서도 자신의 안전보장과 관련해서 같은 '자유진영'인 한국의 반공정권을 지원한다는 냉전전략상의 요청과 더불어, 과거 청산에 따르는 과대한 경제적 부담을 여하히 회피할 것인가에 중점이 두어졌다. 한일회담에는 미국도 깊게 관여했다. 특히 1960년대 들어 베트남 전쟁의 격화를 배경으로 케네디와 존슨 정권은 동아시아 냉전체제의 강화라는 관점에서 한일회담의 정치적 타결을 촉구하고, 고위급의 '외교적 압력'을 행사했다. 그러나 그 과정에서도 한일 간에 가로놓인 역사인식의 간극을 메우려는 관심은 거의 찾아볼 수 없다.[6)]

5) 和田春樹(1992), 「歷史の反省と經濟の論理－中國, ソ連, 朝鮮との國交交涉から」, 東京大學 社會科學研究所 編, 『現代日本社會 第7卷 國際化』, 東京大學出版會, 279~325쪽.

6) 케네디 및 존슨 정권기에 미국이 청구권 문제를 중심으로 한일회담의 정치결착을 촉구한 과정에 관해서는, 李鍾元(2009. 3), 「日韓の新公開外交文書に見る日韓會談とアメ

이 글에서는 최근 잇달아 공개된 한일 양국의 외교문서와, 그를 구사한 최근의 연구 성과를 토대로 하면서, 한일협정이란 과연 무엇이었는가, 무엇이 배제되었으며, 앞으로의 과제는 무엇인가에 대해 개략적인 정리를 시도하고자 한다.

II. 한일 양국의 외교문서 공개와 한일협정의 역사적 평가

한일협정을 어떻게 보는지는 한일 간의 해석에 큰 차이가 존재한다. 김창록이 명확히 지적하듯이 1965년의 한일협정은 '무합의의 합의', '애매성에의 합의'라고 불러야 할 정도로 과연 어떠한 '합의'가 존재하는지가 불명확하다.[7] 또한 한일협정의 역사적 평가를 둘러싸고 한국 내에도 견해 차이가 존재한다. 그 배경에는 기본적인 역사관의 차이와 더불어, 현재의 외교정책이나 국내정치에 대한 영향 등 국가적 또는 정치적 이해관계가 복합적으로 얽혀 있다. 한일협정에 대한 논의와 평가는 '현재적 과제'이기도 하며, 단순히 사실관계를 밝힘으로써 논쟁이 종식되는 것도 아니다.

그런데도 한일협정의 평가를 둘러싼 논란은 한일회담의 구체적인 과정을 검증할 수 있는 일차자료의 부재 때문에 보다 감정적이고 정치적인 성격을 띤

リカー朴正煕軍事政權の成立から大平金メモまで」(1), 『立教法學』, 第76號, 1~33쪽; 위의 논문(2), 위의 책, 第77號(2009. 11), 109~140쪽; 위의 논문(3), 위의 책, 第78號(2010. 3), 155~205쪽; 위의 논문(4), 위의 책, 第80號(近刊)를 참조.

7) 김창록(2009), 「1965년 '한일조약'에 대한 법적 재검토」, 이태진 외 편, 『한국병합과 현대－역사적 국제법적 재검토』, 태학사, 792쪽.

측면이 적지 않았다. 그런 의미에서 최근 한일 양국 정부가 회담관련 외교문서를 공개한 것은 한일협정에 대한 객관적인 논의의 토대를 마련한 조치로서 높이 평가할 만하다.

한일회담 외교문서의 공개에 이르게 된 경위는 그 자체가 '국가의 논리'가 선행된 한일협정의 의미와 한계를 집약적으로 보여준다. 한일 양국 모두 외교문서에 관해서는 '30년 원칙'에 입각한 공개제도를 채택하고 있다. 그러나 한일회담 관련문서에 한해서는 교섭 종료로부터 30년 이상이 경과했는데도 북일교섭에 미칠 영향을 우려한 일본 정부의 반대로 한일 양국 모두 문서공개를 미루어 왔다.[8] 그러나 최근 들어 한국의 정치적 민주화의 진전, 한일 양국의 정보공개와 전후보상을 요구하는 운동의 고조를 배경으로, 시민단체의 자료공개 청구가 직접적인 계기가 되어 외교문서의 전면적 공개가 실현된 것이다.

먼저 자료공개 조치를 취한 것은 한국 정부였다.[9] 전후보상(戰後補償)을 요구하는 시민단체의 정보공개 청구가 그 계기였다. 공개를 명한 법원의 판결이 내려지자 외교통상부는 일단 항소했지만 승소 가능성이 없다고 판단해, 2005년 1월 5건(약 1,000매)의 문서공개(제1차)를 단행했다. 이어 노무현 정권은 '역사청산사업'의 일환으로 한일회담 관련문서를 '전면공개'한다는 방침을 결정하고,[10] 2005년 8월 156건 약 36,000매를 제2차로 공개했다.[11]

---

8) 한국 정부는 이미 김영삼 정권기인 1993년과 1997년에 한일회담 관련 외교문서의 공개를 검토한 바 있지만, 일본 외무성이 "비록 부분 공개라도 북일교섭과 한일 간의 신뢰관계에 미치는 영향을 강하게 우려한다"고 사실상의 '비공개요청'을 한 것을 받아 공개를 보류한 적이 있다. 《연합뉴스》(2004. 1. 11); 《朝日新聞》(1997. 2. 20).

9) 한국 외교문서의 공개에 이른 경위와 문서 개요에 관해서는 김창록(2005), 「'한일청구권협정' 관련문서 공개의 의미」, 『역사비평』, 통권 70호(봄호), 22~38쪽을 참조.

10) 2005년의 문서공개 결정과정에서 한국 정부 내에도 의견 대립이 있어, 외교통상부는 일본 정부의 반대와 한일관계에 대한 영향을 고려해서 문서공개에 소극적이었지만, 청와대 주도로 포괄적인 '역사청산 프로세스'의 일환으로 관련문서의 전면공개를 결

한편 일본 측 외교문서 공개는 이 같은 한국 정부의 움직임에 촉발된 시민단체의 공개청구에 의해 실현되었다.[12] 요시자와 후미토시[吉澤文壽]와 오타 오사무[太田修] 등 학자와 전후보상문제를 추진해온 시민단체를 중심으로 결성(2005. 12)된 '일한회담 문서 전면공개를 요구하는 모임'이 2006년 4월 정보공개법에 의한 한일회담 문서의 공개청구를 외무성에 제기한 이후, 부분공개와 비공개 결정에 대해 외무성을 상대로 소송을 제기한 결과, 일본 외무성은 2006년 8월~2008년 5월까지 7회에 걸쳐 합계 1,369건 약 6만 매의 문서를 공개했다. 외무성에 따르면, 공개심사 대상인 한일회담 관련문서 1,916건 중 공개 1,369건, 비공개 23건, 부분공개(먹칠에 의한 삭제) 524건으로, 공개대상 문서 중 28.5%가 비공개 또는 부분공개 처리되었다고 한다. 외무성은 이로써 한일회담 관련문서는 모두 공개했다고 설명하고 있다.

공개된 한일 외교문서는 자료상의 공백이 많아, '전면공개'라는 설명에 대한 의문도 적지 않으며, 현재 비공개부분의 공개를 포함한 추가공개 요구 소송이 제기되어 있다. 그러나 이 같은 한계에도 불구하고 공식 외교문서의 공개를 계기로 한일회담에 관한 연구가 새로운 단계를 맞고 있는 것은 사실이

정했다. 호리야마 아키코[掘山明子](2007. 11), 「한일협정 문서공개와 노무현정권의 피해보상정책」, 『일본공간』, 제2호, 192~220쪽.

11) 공개된 한국 외교문서는 외교사료관에서 일반공개되고 있다. 또한 《동아일보》의 HP에도 문서 전체가 게재되어 있다.

12) 일본 측 외교문서 공개에 이른 경위와 내용 소개에 관해서는, 요시자와 후미토시[吉澤文壽](2008), 「일본의 일한회담 관련 외교문서의 공개상황에 대하여 – 재산청구권 문제를 중심으로」, 『외교문서의 공개와 한일회담의 재조명』(국민대학교 일본학연구소 주최 국제심포지엄, 2008. 11. 17); 《日韓會談文書全面公開を求める會ニュース》, 11號(2008. 5. 23)를 참조. '일한회담 문서 전면공개를 요구하는 모임'의 HP에는 문서 공개의 경위 및 내용 소개와 더불어 한일회담 관련 일본 측 공개 외교문서 전체가 게재되어 있다.

다. 종래에도 비공식적으로 유출된 공식기록이나 외교문서를 이용한 연구가 있기는 했지만, 기본적으로 신문이나 잡지, 관계자의 회고록 등 간접적 자료에 의존할 수밖에 없었기 때문에, 교섭과 관련된 기본적인 사실관계를 둘러싸고도 오해와 혼란이 많았고, 양국 정부의 교섭전략과 정책결정과정에 관한 분석도 추측의 영역을 넘지 못하는 한계가 있었다. 당사자들의 과장되고 자기정당화적인 '회고'가 '사실'처럼 굳어져 버린 경우도 비일비재하다. 이번 양국의 외교문서 공개로 본래적 의미에서의 실증적 연구가 비로소 가능하게 된 것이다.

현재 공개 외교문서를 구사한 실증적 연구 성과가 잇달아 발표되고 있다. 한국에서는 국민대학교 일본학연구소가 방대한 문서의 요점을 정리한 『한일회담 외교문서 해제집』[13]을 간행하는 등 한일회담 연구의 거점으로 크게 공헌하고 있으며, 이에 촉발된 실증적 연구와 정책연구가 활발하게 진행되고 있다.[14] 한편 일본에서도 문부과학성 관할의 과학연구비 지원에 의한 국제공동연구가 조직되어, 그 성과가 간행되었다.[15]

이 같은 실증적 연구의 진전에 따라, 1965년의 한일협정이 지닌 여러 한계와 문제점들이 다각적으로 조명되고 있다. 각각의 구체적인 논점에 관해서는 후술하기로 하고, 여기에서는 전반적인 평가와 관련해서 아래와 같이 몇 가지 점을 지적하고자 한다.

첫째로, 외교교섭이라는 관점에서 보면 한일회담은 많은 타협을 강요당한 한국 측의 '좌절'이라고 평가하지 않을 수 없다. 한국 측 외교문서가 공개되었

13) 국민대학교 일본학연구소 편(2008), 『한일회담 외교문서 해제집』, 전5권, 동북아역사재단.

14) 국민대학교 일본학연구소 편(2010), 『외교문서 공개와 한일회담의 재조명』, 1-2권, 선인.

15) 李鍾元 · 淺野豊美 · 木宮正史 編(2011), 『歴史としての日韓國交正常化』, 全2巻, 法政大學出版局.

을 당시 한국 국내에서는 '굴욕외교'라는 종래의 이미지와는 달리 "불리한 조건하에서도 최선의 노력으로 일정한 성과를 거두었다"는 점이 강조되면서, 한국의 교섭 자세를 평가하는 논조가 적지 않았다.[16] 물론 각 위원회 등 외교교섭의 '현장'을 들여다보면, 각기 쟁점을 둘러싸고 한국의 국익을 관철하기 위해 불리한 상황 속에서 고군분투하는 한국 측 대표단의 모습이 생생히 전달된다. 그러나 고위급의 정책결정자에 눈을 돌리면, 외교적 미숙과 더불어, 정치적 타결을 서두른 나머지 '역사(과거 청산이라는 명분)'의 면에서도, '경제(청구권 금액이라는 실리)'의 면에서도 스스로 양보와 타협을 거듭하고 후퇴해가는 모습이 두드러진다. '현장'의 노력이 '정치'의 논리와 계산에 따라 억제된 경우도 적지 않았다.[17]

한국 측 문서를 토대로 하면 한국 대표단의 '노력'이 보다 두드러지는 면도 있다. 그러나 일본 측 문서를 아울러 살펴보면 한국 측의 다급함과 미숙함이 일본 측에게 이용되고 농락당하는 모습을 도처에서 확인할 수 있다. 이 같은 문제점이 집약적으로 나타난 한 예로 1961년 11월의 박정희 국가재건최고회의의장의 방일과 이케다 하야토[池田勇人] 수상과의 회담을 들 수 있다.[18] 필자가 한일 및 미국의 외교문서를 대조해 분석한 바에 따르면, 박정희 의장의 방일은 종래 통설적으로 알려진 바와 같이, 김종필 중앙정보부장 등 군사정부

---

16) "'굴욕회담' 재평가될까", 《동아일보》(2005. 8. 27); 사설, "한일협정, 굴욕 아닌 치열한 외교전의 결과", 《문화일보》(2005. 8. 27).

17) 장박진은 한국 측 외교문서를 면밀하게 검토한 연구에서, 정치결착을 서두른 박정희 정권기에 들어서 이 같은 현상이 두드러짐을 상세히 해명하고 있다. 장박진(2009), 『식민지관계 청산은 왜 이루어질 수 없었는가－한일회담이라는 역설』, 논형, 391~510쪽.

18) 박정희 의장의 방일과 이케다 수상과의 회담 등 박정희 정권 초기의 대일교섭의 문제점에 관해서는 李鍾元(2010. 3), 앞의 논문(3), 179~200쪽을 참조.

중심세력이 한일회담 조기타결을 목표로 '적진'에 뛰어들어 직접 담판을 하고, 외교적 이니셔티브를 취한 결과가 아니라, 무대 뒤에서 미국이 일본에 권유해 추진된 것이었다. 물론 박정희 군사정부도 일본 측의 타진을 청구권 금액 문제 타결을 위한 고위급 정치교섭의 장으로 활용하려고 했다. 그러나 그 과정에서는 군사정부의 외교적 경험 부족과 준비 부족이 두드러졌다. 박정희-이케다 회담의 기본적인 문제는 일본 측의 요구로 통역과 기록 등 배석을 일체 허용하지 않은 단독 밀실회담이 되었다는 점이다.[19] 이 같은 형식은 정권을 장악한 지 얼마 되지 않고, 한일 현안에 대한 지식과 경험이 부족한 박정희에게는 매우 불리했다. 한일 양측의 기록(이케다와 박정희의 구술로 각기 작성)에 따르면, 회담은 시종 이케다 수상이 주도하는 형태로 진행되었다. 박정희는 당초 의도했던 청구권 총액에 대한 정치적 타진에는 실패하고, "법적 근거가 있는 것만 청구한다"는 등 향후 교섭을 제약하는 언질을 주어, 이후 한일 간에 마찰이 일기도 했다. 회담 후 이케다는 "99% 성공"이며, "대부분 우리 측이 생각했던대로 진행됐다"고 큰 만족감을 표시했다.[20] 박정희 의장은 이 방문을

19) 한국 측 요청으로 대외적으로는 한일 양국의 통역이 배석한 것으로 발표되었으나, 이는 사실과 다르다. 공식 발표에 맞추기 위해인지 수행원이었던 정일영 서울대학교 교수(당시)는 예정된 일본 측 통역이 미숙해 자신이 급거 통역을 담당했다는 '일화'까지 남겼다. 공식 자료가 없는 상황에서, 이 같은 '회고'가 언론 매체들을 통해 재생산되면서, "일본어에 능통한 박정희 의장이었지만 국익과 자긍심 때문에 통역을 사용했다"는 '통설'이 박정희의 원칙적 자세와 회담 전략을 평가하는 재료가 되기도 했다. 정일영 자신은 "정신없이 통역하다 보니 무슨 말이 오갔는지도 기억에 남지 않을 정도였다"고 여운을 남기고 있다. 조갑제(2007), 『박정희-한 근대화 혁명가의 비장한 생애』, 제5권, 조갑제닷컴, 114~115쪽; 정일영(2011), 『한국외교와 국제법』, 나남, 431쪽. 문제는 박정희 의장이 일본어를 사용했는가 여부가 아니라, 배석과 기록을 두지 않은 단독 밀실회담이 경험과 지식이 부족한 박정희에게는 불리하게 작용했다는 점이다.

20) 이케다의 口述로 작성된 일본 측 회담기록에는, 청구권의 내용과 수치, 법적 문제를

통해 기시 노부스케[岸信介] 등 이른바 친한파의 영향력에 기대하기도 했다. 그러나 이들 친한파는 당시 이케다 정권과는 대립관계에 있어, 한국 군사정부의 친한파 접근은 이케다의 경계심을 자극해, 한일회담 타결에 오히려 소극적으로 기울게 하는 '부작용'을 낳았을 뿐이었다. 공개된 외교문서를 토대로, 당시 대일외교의 구조적 · 상황적 제약과 더불어, 외교전략의 타당성과 효율성이라는 측면에서도 비판적으로 검토되어야 할 부분이 적지 않다.

둘째로, 이와도 관련되는 논점이지만, 대일교섭에 임하는 자세와 목표라는 측면에서는, 이승만에서 박정희에 이르는 한국 역대정권 사이에 기본적으로 크게 차이가 없다는 사실이다. 박정희 정권이 특별히 '굴욕외교'를 전개한 것도 아니며, 반면에 현실적인 대일외교를 전개해 이전 정권과는 다른 '성과'를 거두었다고 자화자찬할 수 있는 것도 아니었다. "장면, 박정희 집권기의 교섭 내용은 모두 이승만 집권기에 확립된 협상구조 내에 머물러 있었다"는 지적[21] 대로, '역사'의 한계라는 면에서도, '경제'의 성과라는 면에서도, 역대 정권 사이에는 '단절성'보다 '연속성'이 강했음을 공개 외교문서는 보여주고 있다. '국가의 논리'라는 관점에 서는 한 외교적 선택의 폭이 그리 넓지 않다는 사실을 보여준다고도 할 수 있다. 한일협정에 대한 역사적 평가가 정권 평가에 연결되는 정치적 해석의 대립 구도를 넘어서기 위해서는 외교사료에 의거한 실증 연구의 토대적 작업이 절실히 요청된다. 그런 측면에서 예컨대 한일회담의 중심적 의제였던 청구권 총액에 초점을 맞춘 장박진의 연구는 시사하는 바가 크다.

장박진의 계산에 따르면, 이승만 정권에서 장면 정권에 이르기까지 '대일

상세히 늘어놓는 이케다에 비해 "박의장은 구체적인 문제는 잘 모르는 것 같았다"는 주석이 달려 있다.

21) 장박진(2009), 앞의 책, 353쪽.

8항목 요구'의 총액은 약 19억에서 24억 달러 수준이었다. 1949년 9월 한국 정부가 작성한 '대일배상요구조서'의 총액은 약 24억 달러이며, 샌프란시스코평화조약 참가가 좌절된 후, 1951년 2월 제1차 한일회담 시에 제출한 '대일 청구권 8항목 요구'로 명목이 변경된 이후에도 그 합계는 약 23억 달러로 금액 면에서는 큰 차이가 없었다. 장면 정권도 이 틀을 유지해, 1961년 초에 작성된 한국 측의 청구권 총액은 약 19억 달러였다.[22)]

이들 금액은 어디까지나 교섭용의 최대치로서, 실현 가능한 '최저 타협선'에 관해서 장박진은 유태하와 김유택의 증언을 토대로 이승만 정권기에는 '3억~4억 달러' 수준이었을 가능성을 지적하고 있다. 장면 정권의 타협 하한선은 1961년 초의 교섭안에는 '8억 달러'로 되어 있으나, 한국 외교문서에는 1961년 5월 이세키 유지로[伊關佑二郎] 아시아국장 방한 시, 민주당 정권으로부터 '5억 달러'의 요구가 있었다는 기록이 있다. 필자가 일본 외교문서를 조사한 바에 따르면, 당시 이세키 아시아국장과 민주당 정권 요인들 사이에 '3억~5억 달러'선을 둘러싼 비공식 타진이 행해진 것은 사실이다. 이 같은 비공식 교섭이 그 직후에 성립된 박정희 군사정권에 어떻게 연결되었는지는 자료적으로는 해명되지 않는다. 하지만 군사 쿠데타로부터 두 달도 채 안 된 1961년 7월 12일에 확정된 대일 교섭안은 '최고 19억 3천만, 최저 5억 달러', 김유택 특사 방일이 실패로 끝난 1961년 11월에는 '최종 양보안'이 '3.5억 달러'까지 낮추어졌으며, 여기에 경제협력을 포함한 '5억~6억 달러' 수준이 획득 목표로 설정되었다. 청구권 금액의 돌파구가 된 1962년 11월의 '김 오히라 메모'는 '무상원조 3억, 유상차관 2억, 민간자금 1억 이상'이며, 최종적으로는

22) 장박진의 위의 책 및 이를 요약한 논문으로, 장박진(2010), 「한일회담에서의 피해보상교섭의 변화과정 분석」, 국민대학교 일본문제연구소 편, 『외교문서 공개와 한일회담의 재조명』, 제2권, 189~227쪽.

'무상 3억, 유상 2억, 민간자금 3억'으로 타결되었다. 청구권 총액은 협의로는 3억 달러, 광의로는 5억 달러 수준이 되는 것이다.

여기에서 한 가지 강조해야 할 것은 김종필 중앙정보부장이 오히라 마사요시[大平正芳] 외상을 상대로 극적인 교섭을 벌인 '성과'로 평가되는 '김 오히라 메모'의 총액이 이미 미국을 매개로 한 수면 하의 교섭과 조정으로 최종 타결액이 거의 형성된 가운데 진행되었다는 사실이다. 개인적으로도 친밀한 관계에 있었던 새뮤얼 버거(Samuel David Berger)의 주한대사와 이세키 아시아국장, 에드윈 라이샤워(Edwin O. Reischauer) 주일대사를 연결하는 물밑 조정을 통해, 대체적인 합의의 틀이 준비되어 있었다는 사실을 일본 외교문서는 여실히 보여주고 있다. 정치적 동기에 따른 '미화'와 '비판'을 동시에 피하면서 역사적 평가를 행하기 위해서는 실증연구의 기초적 작업이 필요함을 보여주는 한 사례라 하겠다.[23)]

셋째로, 한편 일본에게 있어 한일협정은 외교교섭으로서는 큰 '성공'이었다. '힘의 우위'와 다양한 외교 수단을 구사해 자국의 '역사의 논리'를 관철시켰을 뿐만 아니라 우려되었던 경제적 부담을 최소한으로 억제하는데도 성공했다. 필리핀 등과의 배상교섭에서도 마찬가지였지만, 철저한 법률론과 증거 논쟁에 의한 교섭의 장기화 전술이 일본의 교섭력을 높여, 배상액을 삭감했을 뿐만 아니라, 결과적으로 배상의 실시 시기를 1960년대 일본 경제 고도성장

23) 李鍾元(2011), 「日韓會談の政治決着と米國」, 李鍾元 · 淺野豊美 · 木宮正史 編, 『歴史としての日韓國交正常化』(東アジア冷戰編), 83~114쪽. '김 오히라 메모'를 재료로, 엄밀한 실증적 연구가 아닌 대중적 통설이 한국 교과서의 학습자료로 사용됨으로써, 객관적인 역사적 평가를 저해할 우려를 지적한 논고로는 정재정(2010), 「한일회담과 한일의 역사교과서 기술」, 국민대학교 일본학연구소 편, 『외교문서 공개와 한일회담의 재조명』, 제1권, 378~379쪽.

기까지 늦춤으로써 일본의 상대적인 부담감은 더욱 경감되었다.[24]

그러나 이 같은 '성공'이 현재에 이르기까지 일본의 아시아 외교를 제약하는 요인으로 전화되었다는 역설적 구도도 존재한다. 주한대사와 외무차관을 역임한 스노베 료조[須之部量三]는 "이제까지의 일련의 전후처리를 볼 때, 일본의 경제력이 부흥하기 이전이었기 때문에, 일본의 부담을 '깎는' 데에 중점을 둘 수밖에 없었다. 지금 생각해보면, 조약적 · 법적으로는 확실히 끝났지만 무언가 석연치가 않다. 불만이 남는다. 이런 문제가 앞으로도 일본의 품격 또는 '국덕(國德)'이라고 해야 할 것이 기대되면서도 좀처럼 나타나지 않는 상황으로 연결될 수도 있다"고 우려한 적이 있다.[25] 한일협정의 '결락'을 메꾸는 것이 일본 외교의 품격을 높이고 궁극적으로 일본의 국익에 공헌하는 길이라는 사실을 전직 외교관으로서는 이례적으로 솔직한 언어로 인정한 발언이라 하겠다.

흔히 국제법은 강자의 논리라고 지적된다. 국가 간 교섭은 국제법이 기본적인 토대가 되기 때문에 한일협정에서도 한국은 약한 입장을 피할 수 없었다. 그러나 국가 간 관계도 국제법의 논리만으로 재단되는 것은 아니다. 더욱이 긴 역사적 배경을 지닌 한일관계에서는 협의의 국제법 이외의 다양한 요인이 개재됨을 피할 수 없다. 이하에서는 한일협정의 2대 문제인 '기본관계'와 '청구권'을 중심으로 최근의 연구들로 밝혀진 사실을 토대로 한일협정의 실상을 재조명하고, 향후 과제에 대해 검토해보기로 하겠다.

---

24) 일본의 배상 지불은 고도성장기의 출발점인 1955년에 시작되어, 제1차 석유위기 직후인 1976년에 종료되었다. 原朗(1993), 「戰爭賠償とアジア」, 『岩波講座 近代日本と植民地』, 第8巻, 岩波書店, 286~287쪽.

25) 『外交フォーラム』, 1992年 2月號.

III. 역사인식의 괴리 – '기본관계'

한국 정부가 공식해설에서 강조한대로 기본관계조약은 "양국 간의 불행하였던 과거관계를 여하히 청산"하고, "앞으로의 새로운 국교관계를 여하한 기초 위에 세우느냐"를 규정하는 것으로, 한일협정 전체의 토대라 할 수 있는 것이었다.[26] 그 기본관계조약 중에서도 중심적인 쟁점이 된 것이 1910년의 한국병합조약을 비롯한 '구조약 무효확인조항'(제2조)이었다. 주지하는 바와 같이 이 제2조를 둘러싸고 한일 간의 주장이 마지막까지 평행선을 그어, 최종적으로 "1910년 8월 22일 및 그 이전에 대한제국과 대일본제국 간에 체결된 모든 조약 및 협정이 이미 무효(already null and void)임을 확인한다"는 타협적인 표현으로 낙착되었다. 즉, 이들 조약이 무효가 된 시점을 '이미(already)'라는 애매한 단어로 표현함으로써 한국 측은 "당초부터 무효", 일본 측은 "1948년 8월 한국정부 성립시에 효력을 상실했다"고 각기 다른 해석을 하는 것이 양해되었다. 식민지 지배의 역사를 어떻게 평가하는지 하는 과제는 뒤로 미루어지고, 근본적인 대립을 남긴 채 오늘날에 이른 것이다.

"이미 무효"라는 애매한 형태의 타협에 이른 경위에 관해서는 종래 한국 측 제안설 등 다양한 해석이 있었다. 그러나 한일 외교문서를 사용한 최근 연구들[27]을 통해서 그 전모가 조금씩 밝혀지고 있다. 현재까지 확인된 몇 가지 점

26) 대한민국정부(1965), 『한일회담 합의사항 – 가조인내용해설』(1965. 5. 15).

27) 특히 다음의 세 연구는 새로운 발견과 해석을 제시하고 있다. 장박진(2008), 「한일회담에 있어서의 기본관계조약 형성과정의 분석」, 『국제 지역연구』, 제17권 제2호(여름호), 1~39쪽; 太田修(2011), 「二つの講和條約と初期日韓國交正常化交涉における植民地主義」, 李鍾元 · 淺野豊美 · 木宮正史 編, 『歷史としての日韓國交正常化』(脫植民地化編), 21~54쪽; 吉澤文壽(2011), 「日韓國交正常化交涉における基本關係交涉」, 李鍾元 · 淺野豊美 · 木宮正史 編, 『歷史としての日韓國交正常化』(脫植民地化編),

을 지적해 보자.

첫째로, 당초 한국 측 제안인 '무효(null and void)'라는 문구 자체가 무효 시점을 명확히 하지 않고, 애매함을 내포한 타협적인 것이었다는 점이다. 장박진과 오타[太田修]는 각기 한국과 일본의 외교문서를 근거로 이 같은 사실을 밝히고 있다. 1952년 제1차 한일회담에서 "(모든 구조약이) 무효임을 확인한다"는 조항을 담은 '기본조약' 초안을 한국 측이 제시함으로써 '무효'라는 문구가 최초로 등장하게 된다.[28] 이에 대해 일본 측 대표가 '무효'의 의미를 질문하자 유진오는 다음과 같이 답변했다.

> 1910년 이전의 조약은 의사에 반해서 행해진 것이기 때문에 소급해서 무효라 하지 않으면 안 된다. 하지만 이 법이론을 관철했을 때 실제로는 복잡한 문제가 생기므로, 법이론은 차치하고, 어쨌든 무효라고 하고 싶다. (중략) 한국 측으로서는 병합조약이 최초부터 무효라 하고, (중략) 이 규정에 관해서는 한국 측의 주장을 노골적으로 펴는 것을 피하고, 또 포츠담선언 수락 시점부터 실효했다는 설도 피해, 막연하게 어쨌든 무효라고 확인하고 싶다.

이에 대해 일본 측 대표들이 "공연한 평지풍파를 일으키지 말고 피하는 것이 어떤가", "쌍방에 과거를 상기시켜, 특히 일본 측에는 좋은 인상을 주지 않는다"며 반발하자, 유진오는 "평지풍파를 일으킨다고는 생각하지 않는다. 오

95~127쪽.

28) '무효(null and void)'라는 용어의 기원에 관해, 오타는 이탈리아 강화조약 제31조에 같은 표현이 있음에 착목해 이 조항을 한국이 참고했을 가능성을 지적하고 있다. 당시 초안 작성에 관여했던 김동조는 회고록에서 "각국의 비슷한 선례를 검토"해서 성안했다고 적고 있다. 김동조(1986), 『회상 30년 한일회담』, 중앙일보사, 41쪽. 한편, 이전부터 국제법에서 사용되어 왔던 용어라는 견해도 있다. 그 어느 경우든 '무효'의 시점이 언제부터인지에 관해서는 체계적인 설명이 없다.

히려 파란을 진정시키는 규정이다"라고 반박하면서, 다음과 같이 덧붙였다.

> 1910년 이전의 조약은 국민적으로 당시까지 소급해서 무효라는 강한 신념, 국민감정이 있지만, 이 자리에서 내가 강하게 주장하면 이 회담이 성립되지 않는다. 일본 측 주장도 있을 것이고, 또 당시까지 소급해서 무효로 하면 여러 가지 복잡한 문제가 발생한다. 그 점을 피하면 한국의 국민감정도 수습되고, 일본 측으로서도 특별히 잃는 것이 없으므로 자극이 되지는 않을 것이다.[29)]

장박진이 비판적으로 지적한 것처럼 "한국 측은 'null and void'의 규정을 통해서 합방조약의 체결 당시부터의 무효를 일본 측과 확정하려고 한 것이 아니라 오히려 오늘날까지 논란이 되어 온 'already' 삽입 여부와 상관없이 합방조약의 무효시점의 논란의 여지를 당초부터 남겼다"고 할 수 있다.[30)] 종래의 동실처럼 박정희 정권이 already의 삽입을 용인한 결과, 병합조약의 무효시점이 애매하게 된 것이 아니라 이승만 정권기의 초기 교섭 때부터 한국 측은 병합조약의 무효문제에 관해서 타협적인 입장을 취하고 있었다는 것이 된다. 이 같은 타협적인 자세의 배경으로 장박진과 오타는 샌프란시스코평화조약 참가를 거부당한 한국 측의 법적 · 정치적 교섭기반의 취약성, 재일한인의 법적 지위와 식민지 지배에 따른 피해 보상 요구와의 논리적 모순의 가능성 등을 들고 있다.

둘째로, 시점의 애매성 등 당초부터 한계가 있기는 했지만 역시 '구조약 무

---

29) 太田修(2011), 앞의 논문, 36~44쪽. 근거가 된 일본 측 의사록은 「日韓會談第6回基本關係委員會議事錄」(1952. 3. 22), 일본 외무성 공개 한일회담 외교문서, 문서번호 977.

30) 장박진(2008), 앞의 논문.

효확인조항'을 둘러싼 논쟁의 배경에는 식민지 지배에 관한 기본적인 역사인식의 대립이 있었다는 사실이다. 한국 측이 애매함을 내포하면서도 'null and void' 규정을 강조한 이유에 대해, 장박진과 오타는 유진오와 박동진의 발언을 인용하면서, 한국의 민족감정에 근거해서 병합조약과 식민지 지배의 부당성을 어떤 형태로든 명시하고자 하는 강한 의지가 있었던 측면을 지적하고 있다.[31] 그 점에서는 당초부터 국제법적으로 불리한 상황하에서 타협적인 표현이나마 한국 측의 역사인식을 조약에 명기하려는 노력이 평가되는 것이다.

그러나 일본 측은 이 같은 한정적인 문구라 해도 식민지 지배의 불법성을 의미하는 조항의 설정에는 강경히 반대했다. 오타가 지적하는 것처럼 그 배경에는 식민지 통치의 위법성을 인정할 경우에 예상되는 막대한 배상과 보상 요구의 부담에 대한 경계감뿐만 아니라, 기본적으로 일본 측에 식민지 지배가 부당하다는 인식이 전혀 없었다는 시대적 상황이 있었다. 1953년의 '구보타[久保田] 망언'이 한 개인의 예외적 '망언'이 아니라, 당시 일본 정부와 사회의 일반적인 역사인식이었으며, 그것이 한일협정의 경위와 결과를 규정한 기본적인 요인이었다는 것이다.

셋째로, 장박진 논문이 상세히 분석하고 있듯이, 제1차 한일회담 이후 한국 측도 구조약 무효조항을 포함한 기본관계에 대해 적극적인 문제제기를 한 흔적이 별로 보이지 않으며, 이 문제를 최우선과제로 설정하고 있었다고 말하기 어려운 면이 있다. 기본관계조약이 다시 의제에 오르게 되는 것은 회담 타

31) 위 일본 측 회의록에 기록된 유진오의 발언과 유사한 취지가 유진오와 김동조의 회고록에도 기술되어 있다. 김동조(1986), 앞의 책, 41쪽; 유진오(1983. 10. 27), "남기고 싶은 이야기: 한일회담", 《중앙일보》. 유진오의 회고는 이원덕(2005), 「한일협정 이후 한일 과거사 문제의 개선방향」, 한일관계사연구논집 편찬위원회 편, 『해방후 한일관계의 쟁점과 전망』, 경인문화사, 165쪽에서 재인용.

결 전망이 구체화하기 시작한 1964년 말의 제7차 회담에서다. 한국 측 교섭안은 무효조항의 시점으로서 '당초부터(ab initio)'라는 문구를 삽입하는 것이었다. 아마도 대일교섭용으로, 최종적으로는 이전의 원안대로 'null and void'라는 표현을 명시하려는 의도였던 것으로 보여진다.

그러나 1965년 2월 시이나 에쓰사부로[椎名悅三郞] 외상 방한시의 가조인 직전의 최종 교섭에서, 일본 측이 'already'의 추가를 제안하자, 한국 측은 제3조 '유일합법정부 확인조항'의 'the only such lawful government in Korea as is specified…'에서 'such'를 삭제하는 조건으로 이를 수락했다. 장박진의 지적대로 이 교환은 한국이 유일합법정부성이라는 '냉전의 논리'를 우선시해서, 병합조약의 무효라는 '역사의 논리'를 다시금 희생한 예라고 할 수 있다. 'already'의 추가에 이르게 된 교섭 경위에 관해 당시 교섭에 관여했던 우시로쿠 도라오[後宮虎郞] 아시아 국장은, 회담 막판에 "(일본 정부가 미리 복안으로 준비한대로) already라는 단어를 null and void 앞에 삽입할 것을 가볍게 시사"하자, 한국 측이 즉시 적극적인 반응을 보였다고 증언했다. 우시로쿠는 "설마 한국 측이 이 단어를 덥석 물 것이라고는 생각하지 않았다"고 한국의 반응이 예상 밖으로 빨랐다고 술회했다. 한국이 교섭 결렬을 피하고 합의를 서두르고 있었기 때문이라는 분석도 곁들였다.[32)]

이상과 같은 경위를 거쳐 '이미 무효'라는 규정으로 귀결된 한국의 노력은 '좌절'과 '절반의 성공'이라는 양면성을 지닌다. 국제법적으로 불리한 상황이라는 점을 감안하면, 매우 애매한 형태지만 '무효'라는 규정을 조약에 명기함

32) 「日韓國交正常化交涉の記錄 總說11」, 일본 외무성 공개 한일회담 외교문서, 문서번호 1127, 143~144쪽. 이 자료는 외무성이 내부기록으로 작성한 것으로 1971년에 편찬되었다. 한일회담과 관련된 일본 외교문서뿐만 아니라 당시 관계자의 증언 등을 토대로 일본 정부의 정책결정과정을 상세히 서술하고 있다.

으로써 한국 측 역사인식을 제기할 근거를 마련했다고 평가할 수도 있다. 하지만 1905년 을사조약 당시부터, 한국의 국가대표자에 대한 일본의 '강제'가 불법적으로 자행되었고, 따라서 조약은 무효라는 인식이 있었다는 사실을 감안하면, 한일회담에서 조약 무효론을 국제법적 및 역사적인 논거에 기반해 보다 체계적으로 제기할 수는 없었는지 하는 점이 문제로 남는다.

이상과 같이 한일협정은 그 토대라 할 수 있는 식민지주의에 대한 역사인식의 면에서, 공통기반과 이해를 결여한 채, 대립되는 역사관 위에 성립된 것이었다. 한일협정의 가장 기본적인 '결락'이며, 역사문제가 거듭 분출되어 한일 양국 사회에 분쟁을 초래해온 기본적 구조이기도 하다. 한일관계가 안정적인 근린관계가 되기 위해서는 역사인식의 깊은 골을 메우는 작업이 불가결하다.

병합조약에 관해서는 공식적으로 여전히 한국의 '불법부당론'과 일본의 '합법정당론'이 맞서는 상황이 지속되고 있다. 그러나 1990년대 들어 일본 정부 및 사회의 논의도 조금씩 변화하는 모습을 보이고 있다. 1995년 제2차 세계대전 종결 50주년을 맞아 발표한 '무라야마[村山] 담화'에서 "식민지 지배와 침략"에 따라 아시아 각국에 "손해와 고통"을 끼친 것을 "국책의 오류"라 명기하고, "통절한 반성의 념"과 "사죄"를 표명한 것은 전쟁뿐만 아니라 국제법적으로 위법이 아니라 주장해 온 식민지 지배에 대해서도 그 부당성을 인정하기 시작한 것으로, 식민지 지배에 대한 일본 정부의 견해가 '합법정당론'에서 '합법부당론'으로 다소 수정된 것으로 볼 수 있다. 또한 한일 학계의 교류가 확대되면서. 병합조약을 둘러싸고 '합법부당론'과 '무효론'의 논의가 촉발되기도 했다.[33] 역사인식 특히 병합과 식민지 통치를 둘러싼 한일 학계의 교류와 공

33) 호리야마 아키코(2010), 「한일협정 관련문서 공개와 전후보상문제의 변화」, 이창훈

동작업의 가능성과 방향성을 시사하는 것으로 주목할 만하다.

1998년의 '한일 공동선언'은 이 같은 흐름의 연장선상에 있다. 이 선언에서 일본 오부치 게이조[小淵惠三] 수상은 "일본이 과거 한 시기에 한국 국민에 대해 식민지 지배를 통해 다대한 손해와 고통을 주었다는 역사적 사실을 겸허하게 받아들이고, 이에 대해 통절한 반성과 진심으로의 사죄"를 한다고 표명했다. '무라야마 담화'의 표현을 답습한 것이지만, 일본 정부가 식민지 지배에 대해 공식문서에서 '사죄'를 표명한 최초의 예이며, 한일협정 기본조약의 '결락'을 메우는 큰 진전이라는 역사적 의의를 지닌다. 나아가 한국 병합 100년을 맞은 2010년에는 간 나오토[菅直人] 수상이 담화를 발표하여, 일본의 식민지 지배가 "한국인의 뜻에 반해서" 행해졌다고 인정하고, 그로 인한 "다대한 손해와 고통"에 대해 "통절한 반성과 진심으로의 사죄"를 다시 한 번 강조했다. 기본적으로 '한일 공동선언'을 답습하면서, "식민지 지배가 한국민의 의사에 반해서 행해졌다"는 언급이 추가된 것이 새롭다. 병합조약 그 자체가 불법이라는 표현은 아니지만 식민지 지배의 부당성을 한층 명확하게 표명했다는 점이 주목되었다. '기본조약'의 애매한 타협이 남긴 한일 간 역사인식의 깊은 골을 메우기 위한 '정치 외교적' 조치들이 조금씩이나마 진전되고 있는 것으로 평가해야 할 것이다.

외 편, 『한국 근현대정치와 일본』, 제2권, 선인, 260쪽; 노영돈(2010), 「한일기본관계조약과 일본의 과거사 책임」, 이창훈 외 편, 『한국 근현대정치와 일본』, 제2권, 선인, 249~250쪽.

Ⅳ. 봉인된 과거 청산 – '청구권'

'청구권 경제협력협정'은 그 명칭과 내용이 기묘한 구조를 지니고 있다. '청구권'과 '경제협력'이 같은 협정 안에 열거되어 있지만 그 상호 관련성은 명시되어 있지 않은 것이다. 제1조에서는 일본 정부가 "무상공여 3억 달러, 유상차관 2억 달러" 합계 5억 달러의 '경제협력'을 제공하는 것이 규정되어 있다. 제2조에서는 한일 쌍방의 국가와 국민의 '재산, 권리 및 이익'과 '청구권'이 "완전히 그리고 최종적으로 해결"된 것으로 확인되었다. 그러나 이 두 조항이 어떠한 관계에 있는지에 대해서는 아무런 설명이나 규정이 없다. 5억 달러의 성격에 관해서도 한국 측은 '청구권', 일본 측은 '경제협력'으로 각기 달리 설명하는 것으로 양해되었다.

이미 잘 알려진 것처럼 이 같은 기묘한 타협은 식민지 지배에 따른 책임과 피해보상이라는 틀을 극력 회피하려 한 일본 측 논리와 주장이 관철된 결과였다. 일본도 회담 초기에는 '영토의 분리'라는 맥락에서 청구권 문제를 검토했으며, 교섭과정에서 개인청구권 문제를 적극적으로 제기하기도 했다. 그러나 이는 기본적으로 한국 측의 청구권 주장과 총액을 억제하고, '상호포기'나 '상쇄방식'으로 몰아가기 위한 전략이었다는 사실은 기존 연구들을 통해서 이미 밝혀진 바다. 일본이 '청구권'에서 '경제협력' 방식으로의 전환을 공식적으로 제안한 것은 장면 민주당 정권기인 1961년 이후지만, 오타 오사무[太田修]는 외교문서를 토대로 이 같은 발상이 1950년대의 비교적 이른 시점에서부터 일본 정부 내에 존재하고 있었다는 사실을 밝히고 있다.[34)]

'청구권 경제협력협정'의 조문을 문자 그대로 읽으면, 일본 측은 아무런 이

34) 太田修(2011), 앞의 논문, 44~47쪽.

유와 명목을 밝히지 않은 채 '경제협력'을 행하는 한편, 그와 직접 관계없이 한국 측은 "모든 청구권이 완전히 그리고 최종적으로 해결되었다"는 것에 동의한다는 구도로 되어 있다. 실제로 일본 정부는 한일회담 과정에서도 두 조치가 직접적으로는 관련이 없음을 거듭 강조했다. 회담 막바지 단계였던 1965년 5월의 위원회에서도 일본 측 대표는 5억 달러의 자금이 "청구권의 대가"나 "일본의 일방적인 의무에 입각해서 제공되는 것"이 아니라, 어디까지나 "순수한 경제협력"으로 제공되는 것이라고 주장했다.[35] 일본 정부가 '청구권'이라는 틀과의 관련성을 부정한 배경에는, 일본 국민으로부터의 보상요구가 분출될 것에 대한 강한 우려가 있었음을 공개된 일본 외교문서는 잘 보여주고 있다. 청구권의 상호포기나 상쇄가 되었을 경우에는 재한 일본인 재산에 대한 보상요구가 일본 정부에 제기될 가능성에 대한 우려였다. 1962년 7월 18일 오히라 마사요시 신임 외상 주재로 열린 한일회담 대책 외무성 간부회의에서 이세키 유지로 아시아국장과 사이에 아래와 같은 논의가 있었다.[36]

> 이세키 유지로: '청구권'이라는 식으로 해결이 되면 한국 측 요구를 재한 일본 재산에 의해 깎았다는 '미국 해석'과 관련해서 국내보상문제가 발생할 우려가 있다.
> 오히라 마사요시 대신: 일본인의 대일본 정부 청구가 나오게 되는 해결은 곤란하다. 이것과는 무관한 것으로 해 둘 필요가 있다. 자는 아이를 깨우면 큰 일이 난다.

일본 정부는 한국과 한국민의 청구권 요구뿐만 아니라, 자국민의 재산권

35) 김창록(2005), 앞의 논문, 33쪽.
36) 「日韓國交正常化交渉の記録 總說9」, 일본 외무성 공개 한일회담 외교문서, 문서번호 1882, 7~8쪽.

보상요구를 두려워해서 그를 봉쇄할 목적으로 '경제협력'과 '청구권의 자발적 포기'의 결합이라는 논리적 모순을 내포한 방식의 '해결'을 꾀한 것이다.

"모든 청구권이 완전히 그리고 최종적으로 해결되었다"는 한일협정의 조문이 현재에 이르기까지 식민지 지배에 따른 구체적인 피해의 구제를 가로막는 장애가 되어 있다. 그 책임의 일부는 한국 정부에도 있다. 회담과정에서 한국 정부는 피징용자의 피해에 대한 보상 등 개인 청구권의 부분까지 한국 정부가 일괄적으로 대행해서 지급받아 각 개인에 대한 보상은 국내문제로 조치하겠다는 주장을 폈다.[37] 이렇게 해서 받은 '청구권 자금'의 대부분(89.4%)은 경제건설의 재원으로 충당되었고, 피해자 구제에 사용된 것은 9.7%에 불과했다.[38] 그런 의미에서 한국 정부가 2005년 한일회담 관련문서 공개와 더불어, 한국 정부의 책임을 인정하고, '일제강점하 국외강제동원희생자등 지원법'(2008)을 제정하여, 뒤늦게나마 피해자 구제에 나선 것은 한일협정의 '결락'을 보완하는 조치로서 높이 평가할 수 있다.

그러나 여전히 한일협정에서 '완전히 그리고 최종적으로 해결'되었다고 한 청구권의 내용과 성격, 범위에 관해서는 여전히 불명확한 점이 많다. 김창록이 실증적으로 분석하듯이, 회담 과정에서 한국 정부는 한편으로는 정부가 대신해서 "각종 청구권이 덩어리로 해결"되었다는 입장을 취하면서도, 다른 한편에서는 강제동원 등 불법행위로 인한 피해 보상의 경우 등의 개인 청구권은 여전히 남아 있다는 주장을 펴기도 했다. 불법행위와 관련된 개인 청구권 등

37) 개인 청구권과 보상문제라는 시각에서 한국 측 외교문서를 토대로 회담 경과를 상세히 분석한 논고로서는, 김창록(2010), 「1965년 한일조약과 한국인 개인의 권리」, 국민대학교 일본학연구소 편, 『외교문서 공개와 한일회담의 재조명』, 제2권, 선인, 229~261쪽.

38) 국무총리실 한일수교회담 문서공개등 대책기획단(2007. 11), 『국무총리실 한일수교회담 문서공개등 대책기획단 활동백서』, 20쪽.

의 문제는 정치타결을 서두르는 과정에서 충분히 토의되지 못한 채 쟁점 자체가 실종되고 말았다.[39]

2005년 8월 회담 관련문서 공개에 즈음해서 한국 정부는 "청구권협정의 법적 효력의 범위"에 관해서, ① 일본군 위안부 문제 등 일본 정부 · 군 등 국가권력이 관여한 반인도적 불법행위에 대해서는 청구권협정에 의하여 해결된 것으로 볼 수 없고, 일본 정부의 법적 책임이 남아 있다. ② 사할린동포, 원폭 피해자 문제도 한일청구권협정 대상에 포함되지 않았다는 점을 공식견해로 밝혔다.[40] 전후보상 문제와 직결되는 개인 청구권의 범위와 효력에 관해서는 일본 외교문서를 포함해 보다 상세하고 체계적인 분석이 과제로 남아 있다.

한편 일본 정부는 공식적으로는 개인 청구권 문제가 남아 있지 않다는 입장을 취하면서도, 한일협정에서 명백히 누락된 문제들(일본군 위안부, 재한피폭자, 사할린잔류한인)에 대해서는 '인도적 조치'라는 명목으로 일정한 구제 조치를 취해 왔다. 1990년대 이후 재한피폭자 치료, 사할린잔류한인의 귀국지원, 아시아 여성국민기금에 의한 보상금지급 등의 사업이 그 예다. 한국 정부가 2005년 이후 한국 내의 구제조치를 위한 자료로서 요청해온 전시징용자명부에 관해서도, 그간 "작업이 방대"하다는 이유로 방치해오다가, 2009년 9월 민주당 정권 성립을 계기로 움직이기 시작해서, 2010년 3월에 17만 5천명분의 명부가 제공되었다.[41] 현재 일본 정부의 공식 입장의 틀 안에서도 행정적인 측면에서 실질적인 구제로 연결될 수 있는 조치를 취할 여지가 있다는 것을 보여준다.

한편 1990년대 들어 일본 시민단체를 중심으로 개인의 전후보상 문제를

39) 김창록(2010), 앞의 논문, 258쪽.

40) 국무조정실(2005. 8. 26), 「보도자료」; 《연합뉴스》(2005. 8. 26).

41) 《朝日新聞》(2010. 1. 7); 《朝日新聞》(2010. 3. 26).

사법의 판단에 호소하는 움직임도 전개되었다. 그 과정에서 일본 법률의 부족함을 지적하고, 입법조치에 의한 구제조치를 촉구하는 판결이 나오기도 했다. 1998년 4월 야마구치[山口] 지방재판소 시모노세키[下關] 지부는 군위안부 출신 한국인 원고의 보상 청구소송에서, "(군위안부 제도는) 철저한 여성차별, 민족차별 사상의 발로이며, (중략) 결코 과거의 문제가 아니라 현재에 있어서도 극복해야 할 근원적인 인권 문제"라 인정하고, 일본 정부에 대해 보상과 사죄를 명함과 동시에, 일본 국가의 '입법 부작위'를 지적하는 획기적인 판결을 내렸다. 그러나 이 같은 일련의 하급심의 적극적인 구제 판결이 최고재판소에서 뒤집어져 패소하면서 일본에서의 법정투쟁은 벽에 부딪히게 되었다. 이후 의원입법과 행정조치를 통한 실질적 구제 조치를 모색하는 움직임이 전개되어 당시 야당인 민주당 일부가 추진하기도 했지만, 정권 교체 이후의 정치적 혼란 속에서 정체 상태를 면치 못하고 있다. 이 같은 움직임에 어떻게 대응하는지가 한일 양국의 정부와 정치권 및 사회에 주어진 과제라 할 수 있다.

V. 맺음말 – 앞으로의 과제

한일 국교정상화 30주년이었던 1995년 한국의 민간단체와 국회를 중심으로 '조약개정론'이 제기된 적이 있다. 1995년 10월 여야 국회의원 106명이 제출한 결의안은 "1965년에 체결한 한일조약은 일본의 한반도에 대한 강압적 식민지 지배에 대해 면죄부를 준 굴욕적이고 불평등한 조약인 만큼 폐기하고 재협상을 통해 새로 한일조약을 체결해야 된다"고 주장했다.[42] 물론 역사적

42) 이원덕(2005), 앞의 논문, 173쪽.

으로 불평등조약이 재협상을 통해 개정된 전례는 없지 않다. 하지만 한일관계의 현상을 감안할 때 이 같은 조약개정론은 현실적이지 않다. 그로부터 20년 가까운 세월이 흐른 지금 이러한 조약개정론은 한국에서 거의 들리지 않는다. 여기에는 그간 한일관계가 보다 긴밀해지면서, 위에서 언급한 것처럼 일본 정부와 사회 내에서도 점진적이나마 역사인식의 괴리를 좁히는 변화가 있었다는 점이 적지 않게 작용했다고 보여진다. 향후 과제를 생각할 때도 이처럼 한일협정의 문제점을 조금씩 보완해가는 방향성이 바람직하다고 여겨진다.

위에서 검토한 바를 토대로, 이 같은 시각에서 앞으로의 과제를 크게 다섯 가지로 집약해서 제시하고자 한다.

첫째로, 무엇보다도 역사적 사실과 진상 규명의 중요성이다. 한일협정, 나아가 이전 시기의 식민지 지배의 실태와 진상을 실증적으로 규명하기 위해 양국 정부는 아직도 잠자고 있는 많은 자료를 적극적으로 공개해야 한다. 양국 학계도 한일협정에 관해서는 우선 공개된 양국 외교문서를 토대로 한일협정의 실체를 객관적으로 해명하는 작업에 한층 힘을 기울여야 할 것이다. 이 같은 노력이 한일협정의 남겨진 과제들을 둘러싼 논의를 보다 건설적으로 진행하기 위해서도 필수적이다.

둘째로, '기본관계'로 집약되는 병합과 식민지 지배에 대한 역사인식의 괴리에 관해서는 최근에 진행되고 있는 한일 역사학계의 활발한 교류와 대화를 한층 확대하는 것이 바람직하다. 한국 병합에 이르는 과정에 대한 한국 역사학계의 최근 연구 축적이 일본 사회에는 그리 소개되지 못하고 있다. 각기 사회의 역사인식은 독자적인 기반을 가지며, 장기간에 걸쳐 형성되는 것으로, 쉽게 변화되는 것이 아니다. 우선은 한국 병합과 한일협정 등을 낳은 낡은 역사인식과 역사관의 상호 괴리를 밝히고, 그것이 이후의 한일관계에 끼친 영향을 직시하는 것이 변화를 향한 첫걸음이 될 것이다.

셋째로, 가장 중요하고 시급한 과제는 한일협정에서 배제되고 봉인된 개인 청구권과 전후보상의 실현이다. 위에서 그 경과를 간단히 살펴본 바와 같이, 한일협정의 '합의'의 실체에 대한 실증적인 규명과 함께, 그 실질적인 구제를 위해서는 양국 정부뿐만 아니라 사회가 협력해서 지혜를 모아야 할 단계다. 2009년 서울고법이 청구권자금으로 건설된 포스코(포항제철)의 사회적 책임을 인정하고, 징용 · 징병 피해자 구제를 위한 노력을 촉구한 것을 계기로 재단 설립이 논의되는 것도 하나의 시도라 할 수 있다. 독일의 보상기금 '기억, 책임 그리고 미래'를 모델로 '피해자 보상 기금'을 한일 정부와 사회가 공동으로 구상해 볼 만하다.

넷째로, 최근 한국으로 반환된 조선왕실의궤(朝鮮王室儀軌)를 계기로 사회적 관심이 높아진 문화재 반환 문제가 있다. 한일회담 당시 일반적 관심이 적어 실태가 잘 알려지지 않았지만, 대일교섭에서 한국 측이 가장 큰 좌절을 경험한 쟁점의 하나가 문화재 반환이었다. 공개 외교문서를 토대로 한 최근 연구들을 통해 조금씩 그 실상이 밝혀지고 있지만, 한국 문화재 유출이 주로 당시 일본의 지배층이 주도하였다는 사실이 해결을 가로막은 한 원인이었다.[43] 그 장벽은 지금도 높다. 공개대상이 된 한일회담 관련 일본 외교문서 1,916건 중 문서 전체가 비공개로 지정된 것이 22건인데, 그중 약 3분의 1에 해당되는 8건이 문화재 관계다. 문서 제목을 보면 '한국관계 중요문화재일람' 등 일본 각지에 소장된 한국 문화재의 목록류가 대부분을 차지한다. 한일회담 이후 반세기가 지난 지금에도 일본 국내에 있는 한국 문화재의 목록이 일본의 국익에 관계되는 '국가기밀'로 지정되어 있는 것이 현실이다. 1965년의 '문화재 문화

43) 유미나(2009. 12), 「'한일회담 외교문서'로 본 한일 간 문화재 반환교섭」, 『일본역사연구』, 제30집; 박훈(2010), 「한일회담 문화재 '반환' 교섭의 전개과정과 쟁점」, 국민대학교 일본학연구소 편, 『외교문서 공개와 한일회담의 재조명』, 제2권, 선인.

협력협정'에 따라 약 1,300점의 문화재가 한국에 "인도"되어 "법적인 문제는 결착"된 것으로 처리되었다. 그러나 반환된 문화재는 질과 양 모두에서 빈약함을 면치 못했다. 당시 반환 대상이 된 일본 국유 문화재의 소재가 제대로 파악되지 못한 것이 큰 이유였다. 한국 국립문화재연구소에 따르면 한반도에서 일본으로 유출된 문화재는 확인된 것만으로도 6만여 점에 이르며, 개인 소장품을 포함하면 30만 점 이상에 달하는 것으로 추산된다.[44] 문화재는 역사의 집적물이며, '살아 있는 역사'라고 할 수 있다. 문화재를 원래 있던 장소로 되돌리는 반환은 국제적인 추세이며, '과거를 직시하면서 미래를 지향'하는 상징적 존재가 될 수도 있다. 조선왕실의궤에 관해서는 우여곡절 끝에 2011년 5월 한일도서협정이 일본 국회에서 비준되어, 1,205점의 귀중한 도서가 한국에 돌아오게 되었다. 이 과정에서도 여실히 보여지듯이 문화재 반환에는 사회적 · 감정적 반발도 따르며 용이한 과제는 아니다. 끈질긴 노력과 설득, 지혜로운 방법을 통해서, 양국 사회를 분열시키는 것이 아니라, 상호 연결시키는 전향적인 조치로 추진할 것이 중요하다.

마지막으로, 북일국교정상화 문제다. 한일회담에서는 한국 측의 강경한 요구에도 불구하고 기본관계조약 제2조(유일합법정부확인조항)에서 협정의 지리적 범위가 한국에 한정되었다. 북한과의 국교정상화교섭의 여지를 남겨두려는 일본 정부의 의도에 따른 것이었다. 일본으로서도 한반도 전체와의 새로운 관계 설정에 있어 남겨진 절반의 과제라 할 수 있다.

일본은 이미 1956년에 소련과 국교를 회복하고, 그후 1972년에는 중국과도 국교를 정상화했지만, 북일교섭은 미소냉전의 종결을 기다려야 했다. 1991년에 개시된 북일교섭은 1992년까지 8차의 회담을 열고 집중적인 협의

44) 《朝日新聞》(2010. 7. 28).

를 했지만 핵개발과 일본인 납치문제가 장애가 되어 별다른 진전을 보지 못한 채 긴 정체기를 맞게 된다. 그후 2000년의 남북정상회담, 2002년의 고이즈미 준이치로[小泉純一郎] 수상의 방북과 북일평양선언 등을 계기로 간헐적으로 회담이 개최되었지만, 2004년의 제12차 회담을 마지막으로 공식교섭은 중단상태에 있다. 교섭개시로부터 이미 20년이 경과되어, 한일회담의 14년을 능가하는 장기 교섭이 되었다.

문제는 회담의 장기화만이 아니다. '과거 청산'이라는 관점에서는 북일국교정상화의 내용이 한일협정을 답습하는 것이 되는지, 아니면 그 '결락'을 메우는 것이 되는지가 주목되고 있다. 일본 정부는 북일교섭 과정에서도 한일회담과 거의 같은 교섭전략과 논리를 전개하고 있으며, '한일협정방식'의 전례가 북한 측의 요구를 억제하는 틀로 작용하고 있다. 한편 국제적으로 고립되고 내부적으로도 어려운 문제들을 안고 있는 북한은 이전의 한국과 마찬가지로 양보를 거듭하고 있다.[45] 북일교섭이 이국 간의 국교교섭에 한정되지 않고, 핵개발문제로 집약되는 지역안전보장문제의 맥락과 연계됨으로써 '과거 청산'은 더욱 뒷전으로 밀려나고 있다. 2002년의 북일평양선언에서 "청구권의 상호포기"와 "경제협력"에 합의된 것은 '한일협정 방식'이 되풀이될 가능성을 시사한다. 다만 평양선언에 "과거 식민지 지배로 인하여 조선인민에게 다대한 손해와 고통을 준 역사적 사실을 겸허하게 받아들이며 통절한 반성과 마음속으로부터의 사죄의 뜻을 표명"한다는 문구가 들어간 것은 1998년의 한일공동선언과 거의 같은 표현으로, 한일협정의 '결락'을 메우기 위한 조치가 일부 반영된 것이라고 할 수 있다. 한일협정 이후 그 문제점을 보완하기 위한 조

45) 한일회담과 비교하면서 북일교섭을 분석한 연구로는, 장박진(2010), 「식민지관계 청산을 둘러싼 북일회담(평양선언까지)의 교섭과정 분석: 한일회담의 경험에 입각하면서」, 『국제 지역연구』, 제19권 제2호(여름호), 135~174쪽.

치가 북일교섭에 영향을 미치며, 동시에 북일교섭의 내용이 한일협정의 향후 과제를 둘러싼 노력에도 영향을 미치는 구도가 존재한다. 일본과 한반도 전체의 '과거 청산'과 '미래 지향'이라는 포괄적인 시야가 한일 양측에 필요한 시점이다.

• 참고문헌

1. 한국어 문헌

국무총리실 한일수교회담 문서공개등 대책기획단(2007. 11), 『국무총리실 한일수교회담 문서공개등 대책기획단 활동백서』.

국민대학교 일본학연구소 편(2008), 『한일회담 외교문서 해제집』, 전5권, 동북아역사재단.

국민대학교 일본학연구소 편(2010), 『외교문서 공개와 한일회담의 재조명』, 전2권, 선인.

김동조(1986), 『회상 30년 한일회담』, 중앙일보사.

김창록(2005), 「'한일청구권협정' 관련문서 공개의 의미」, 『역사비평』, 통권 70호.

김창록(2009), 「1965년 '한일조약'에 대한 법적 재검토」, 이태진 외 편, 『한국병합과 현대 – 역사적 국제법적 재검토』, 태학사.

김창록(2010), 「1965년 한일조약과 한국인 개인의 권리」, 국민대학교 일본학연구소 편, 『외교문서 공개와 한일회담의 재조명』, 제2권, 선인.

노영돈(2010), 「한일기본관계조약과 일본의 과거사 책임」, 이창훈 외 편, 『한국 근현대정치와 일본』, 제2권, 선인.

대한민국정부(1965), 『한일회담 합의사항 – 가조인내용해설』(1965. 5. 15).

박훈(2010), 「한일회담 문화재 '반환' 교섭의 전개과정과 쟁점」, 국민대학교 일본학연구소 편, 『외교문서 공개와 한일회담의 재조명』, 제2권, 선인.

요시자와 후미토시[吉澤文壽](2008), 「일본의 일한회담 관련 외교문서의 공개상황에 대하여 – 재산청구권문제를 중심으로」, 『외교문서 공개와 한일회담의 재조명』(국민대학교 일본학연구소 주최 국제심포지엄, 2008. 11. 17).

유미나(2009), 「'한일회담 외교문서'로 본 한일 간 문화재 반환교섭」, 『일본역사연구』, 제30집.

유병용(2005. 6), 「한일협정과 한일관계의 개선방향」, 『제1기 한일역사공동연구 보고서』.

이원덕(2005), 「한일협정 이후 한일 과거사 문제의 개선방향」, 한일관계사연구논집 편찬위원회, 『해방후 한일관계의 쟁점과 전망』, 경인문화사.

장박진(2008), 「한일회담에 있어서의 기본관계조약 형성과정의 분석」, 『국제 지역연구』, 제17권 제2호.

장박진(2009), 『식민지 관계청산은 왜 이루어질 수 없었는가 – 한일회담이라는 역설』, 논형.
장박진(2010a), 「한일회담에서의 피해보상교섭의 변화과정 분석」, 국민대학교 일본학연구소 편, 『외교문서 공개와 한일회담의 재조명』, 제2권, 선인.
장박진(2010b), 「식민지관계 청산을 둘러싼 북일회담(평양선언까지)의 교섭과정 분석 – 한일회담의 경험에 입각하면서」, 『국제 지역연구』, 제19권 제2호.
정일영(2011), 『한국외교와 국제법』, 나남.
정재정(2010), 「한일회담과 한일의 역사교과서 기술」, 국민대학교 일본학연구소 편, 『외교문서 공개와 한일회담의 재조명』, 제1권, 선인.
조갑제(2007), 『박정희 – 한 근대화 혁명가의 비장한 생애』, 제5권, 조갑제닷컴.
호리야마 아키코[堀山明子](2007. 11), 「한일협정 문서공개와 노무현정권의 피해보상정책」, 『일본공간』, 제2호.
호리야마 아키코[堀山明子](2010), 「한일협정 관련문서 공개와 전후보상문제의 변화」, 이창훈 외 편, 『한국 근현대정치와 일본』, 제2권, 선인.

2. 일본어 문헌

吉澤文壽(2011), 「日韓國交正常化交渉における基本關係交渉」, 李鍾元 · 淺野豊美 · 木宮正史 編, 『歷史としての日韓國交正常化』, 法政大學出版局.
原朗(1993), 「戰爭賠償とアジア」, 『岩波講座 近代日本と植民地』, 第8卷, 岩波書店.
李鍾元(2009–2010), 「日韓の新公開外交文書に見る日韓會談とアメリカ」(1–3), 『立教法學』, 第76–78號.
李鍾元(2011), 「日韓會談の政治決着と米國」, 李鍾元 · 淺野豊美 · 木宮正史 編, 『歷史としての日韓國交正常化』, 第1卷(東アジア冷戰編), 法政大學出版局.
李鍾元 · 淺野豊美 · 木宮正史 編(2011), 『歷史としての日韓國交正常化』, 全2卷, 法政大學出版局.
太田修(2011), 「二つの講和條約と初期日韓國交正常化交渉における植民地主義」, 李鍾元 · 淺野豊美 · 木宮正史 編, 『歷史としての日韓國交正常化』, 第2卷(脫植民地化編), 法政大學出版局.
和田春樹(1992), 「歷史の反省と經濟の論理 – 中國, ソ連, 朝鮮との國交交渉から」, 東京大學 社會科學硏究所 編, 『現代日本社會 第7卷 國際化』, 東京大學出版會.

• 찾아보기

〈ㅇ〉

한일협정 50년사의 재조명 I

– 한일협정의 국제법적 문제점에 대한 재조명 –

초판 1쇄 인쇄 2012년 10월 24일
초판 1쇄 발행 2012년 10월 31일

지은이 이장희 · 박배근 · 김부찬 · 도시환 · 제성호 · 이종원

펴낸이 김학준
펴낸곳 동북아역사재단

등록 제312-2004-050호(2004년 10월 18일)
주소 서울시 서대문구 통일로 81(미근동 267) 임광빌딩
전화 02-2012-6065
팩스 02-2012-6189
e-mail book@nahf.or.kr

ISBN 978-89-6187-280-5 94910
978-89-6187-279-9 (세트)